W0374651

Hagakure

YAMAMOTO
TSUNETOMO

Hagakure

葉隠

DER WEG DES SAMURAI

Aus dem klassischen Japanisch
übertragen von
Dr. Hannelore Eisenhofer-Halim

area

Yamamoto Tsunetomo: Hagakure
Aus dem klassischen Japanisch übertragen
von Dr. Hannelore Eisenhofer-Halim
Copyright © by area verlag gmbh, Erftstadt
Alle Rechte vorbehalten

Einbandgestaltung: Kathrin Steigerwald, Hamburg
Einbandabbildung: »Rollenbild eines Kabuki-Schauspielers«,
japanischer Farbholzschnitt, zwischen 1850 und 1900; akg, Berlin
Satz und Layout: Roland Poferl Print-Design, Köln
Druck und Bindung: Oldenbourg Taschenbuch GmbH,
Hürderstraße 4, 85551 Kirchheim

Printed in Czech Republic 2006
ISBN-13 978-3-89996-582-7
ISBN-10 3-89996-582-5

www.area-verlag.de

INHALT

2.

ALLERLEI ERBAULICHES AUS DEM LEBEN DER SAMURAI

3.

LEBENSWEISHEITEN UND RATSCHLÄGE

KURZE EINFÜHRUNG

HAGAKURE

Als nach gut hundert Jahren Bürgerkrieg Japan nach und nach unter den drei großen Feldherrn Oda Nobunaga[1], Toyotomi Hideyoshi und schließlich Tokugawa Ieyasu[2] Ende des 16. Jahrhunderts wieder befriedet und geeint wurde, war im Grunde für einen raubeinigen, den Tod verachtenden Krieger kein Platz mehr, und sein Schwert, das er im Gürtel trug, wurde zum Statussymbol degradiert, das er kaum noch einsetzen konnte.

1. Die Übersetzung folgt der japanischen Tradition, nach der der Familienname dem persönlichen Namen vorausgeht.
2. Oda Nobunaga (1534–1582) begann als Erster die Einigung Japans, konnte aber sein Werk nicht zu Ende führen, weil er meuchlings ermordet wurde. Sein Nachfolger war Toyotomi Hideyoshi (1536–1598), der aus einer Bauernfamilie stammte und deshalb nicht den Titel Shōgun tragen durfte, da dieser Titel Nachkommen von kaiserlichem Geblüt vorbehalten war. Tokugawa Ieyasu (1542–1616) war in der Schlacht von Sekigahara (1600) erfolgreich, riss die Macht an sich, beseitigte 1615 die Nachkommen von Hideyoshi und legte damit den Grundstein für die bis 1867 dauernde Herrschaft der Tokugawa.

Mit dem Beginn des Tokugawa-Shogunats ab dem Jahre 1603 wurden aus den Kämpfern der vergangenen Schlachten und Kriege Beamte, die statt mit Schwertern und Lanzen nun mit Pinsel, Tusche und Tuschreibstein bewaffnet waren. Unter den Tokugawa blieb ihnen nur noch die Erinnerung an Helden und Heldentaten, die im Laufe der Zeit immer mehr verklärt wurden. Auf diese Weise entstand das Bild des Samurai, wie er kaum jemals wirklich war. Bezeichnend ist beispielsweise der Satz im Hagakure, dass die Krieger der früheren Zeiten raubeinige Gesellen waren. Ähnlich dem Ritterbild, dessen Verklärung erst nach seinem Niedergang einsetzte, können wir auch in Japan die Entstehung des Mythos Samurai beobachten. Der Samurai[3], wörtlich der

3. Samurai wird hier als allgemeiner Oberbegriff verwendet. Die Kriegerkaste war hierarchisch unterteilt in verschiedene Klassen von Gefolgsleuten mit und ohne Lehen. Wer aus dem Dienst ausgestoßen wurde oder aus Altersgründen ausschied, war ein Rōnin. Die Leitung der einzelnen Lehenstümer lag in Händen der Daimyō-Familien (wörtl. großer Name), wie in diesem Falle in den Händen des Nabeshima-Clans. Um den finanziellen Rahmen der einzelnen Fürsten einzuschränken und damit keine Möglichkeit zur Aufrüstung zu geben, mussten die Fürsten unter den Tokugawa im heutigen Tōkyō (Edo) eine Residenz ihrem Stand entsprechend unterhalten. Kehrten sie in ihre Provinzen zurück, kam an ihrer Stelle ein Teil der Familie nach Edo (quasi als Geisel).

Dienende, war ein Mann von aufbrausendem Temperament, der rasch sein Schwert zog und für den das Leben des Einzelnen nicht zählte. Im Laufe der Zeit, vor allem ab dem Ende des 17. Jahrhunderts, setzte die Sehnsucht nach der ruhmreichen Vergangenheit ein, nach Schlachtenlärm und Tod. Ab dieser Zeit werden die Samurai und Krieger in eine von der Realität weit entfernte Welt gerückt, sie erfahren eine Kodifizierung ihres Verhaltens, werden zu loyalen und treu ergebenen Männern erklärt, die nur ein einziges Ziel in ihrem Leben kennen – den Tod. Das Schwert, auch oft als die Seele des Samurai genannt, wird zum Statussymbol, das nur noch selten eingesetzt werden kann. Zum Testen der Schärfe einer Klinge konnten die Körper von Hingerichteten dienen, was einem »echten« Kämpfer sicherlich nicht die wahre Befriedigung verschaffen konnte.

Das Hagakure ist nicht das einzige Werk, das sich in nostalgischer Weise der vergangenen Ruhmestaten erinnert, aber es ist das bekannteste außerhalb Japans.

Entstanden zu Beginn des 18. Jahrhunderts, erfreut sich das Hagakure des Yamamoto Tsunetomo auch heute noch großer Beliebtheit, vor allem im

Ausland. Das Buch steht in der langen Tradition der so genannten Miszellen oder *zuihitsu*-Literatur, die kein in sich geschlossenes Thema zum Gegenstand hatte, sondern Gedanken, Weisheiten, Erzählungen und Anekdoten aneinander reihte, eben dem Pinsel folgte, wie die wörtliche Übersetzung von *zuihitsu* lautet. Der Verfasser, ein ehemaliger Gefolgsmann des Nabeshima-Clans in Kyūshū, zog sich nach dem Tode seines Herrn in ein Kloster zurück und wurde Mönch. Es war ihm verboten, seinem Herrn in den Tod zu folgen, eine seit dem Altertum verbreitete Sitte, die schon in den frühesten Geschichtsbüchern Japans vermerkt ist.

Das Hagakure ist kein Ehrenkodex, sondern eine Sammlung an Lebensweisheiten und Aufzeichnungen über den bereits genannten Nabeshima-Clan, dem in diesem Buch ein Denkmal gesetzt wurde. Wir finden Verhaltenshinweisen für Krieger, Hinrichtungen und Schlachten genauso wie Heilanweisungen oder Anleitungen zur Kindererziehung. Das aus insgesamt elf Kapiteln und einem zusätzlichen »Nachtgespräch« bestehende Werk beinhaltet vor allem im ersten Kapitel die Aussprüche Yamamotos, der übrigens nicht selbst niederschrieb, sondern aus der Erinnerung diktierte. Das erste Kapitel ist eine Mischung aus Weisheiten, Erinnerungen an die Größe der einzelnen Clanfürsten, Streitigkeiten zwischen Samurai usw. Es beinhaltet die meisten für den deutschen Leser interessanten Eintragungen. Die anderen Kapitel, wie zum Beispiel Kapitel 3, widmen sich zum Teil allein den Angelegenheiten und Ereignissen im Nabeshima-Clan, die allein schon aufgrund der vielen Namen für den Leser verwirrend sind.

Aus der Fülle des Materials wurde deshalb eine Auswahl getroffen, die wiederum in einzelne Themenbereiche untergliedert ist, um verständlich und überschaubar zu sein. Damit wurde die Reihenfolge, wie sie sich aus den einzelnen Kapiteln des japanischen Originals ergeben hätte, zugunsten der Lesbarkeit aufgegeben. Wenn im Original Überschriften vorhanden waren, wurden sie in der Übersetzung übernommen. Die Striche über den Vokalen bedeuten eine Dehnung des betreffenden Vokals.

1.
SAMURAIWESEN

WAS DEN ECHTEN KRIEGER AUSMACHT, ODER WIE MAN SICH ALS KRIEGER VERHALTEN SOLLTE

Eigentlich sollte sich ein Samurai[4] mit Hingabe dem Weg des Kriegers[5] widmen, doch ist seltsamerweise allenthalben zu beobachten, wie dieser Weg vernachlässigt wird. Fragt man jemanden: »Was ist die wahre Bedeutung des *Budō?«*, gibt es niemanden, der sofort eine Antwort darauf geben kann. Das liegt daran, dass niemand diese Bedeutung schon zuvor in seinem Herzen trug, woran man erkennen kann, dass es das Bewusstsein für den Weg des Kriegers nicht gibt. Diese Nachlässigkeit ist unfassbar.

~

4. Die Grundbedeutung des Wortes heißt »dienen«.
5. *Budō,* Weg des Kriegers, zu den *dō* (Weg) genannten Künsten gehört alles, was ein lebenslanges Lernen umfasst, sei es der Teeweg, der Weg der Blumen *(Ikebana),* die Kalligraphie *(shodō).*

Der Weg des Samurai ist der Tod. Wer als Samurai zwischen Leben und Tod zu wählen hat, wird sofort den Tod wählen. Das ist nichts Besonderes, man muss nur fest dazu entschlossen sein. Zu sagen, dass Sterben, ohne die eigene Bestimmung erreicht zu haben, ein sinnloser Tod sei, kann nur die Denkweise des verweichlichten *Budō* sein. Hat man sich zwischen Leben und Tod zu entscheiden und begreift, welcher Art die eigene Bestimmung ist, dann ist dies unübertroffen. Wir alle lieben das Leben. Deshalb richten wir uns größtenteils nach dem, was wir schätzen. Wenn man ohne Ziel leben würde, wäre man ein Feigling. Dies birgt Gefahren in sich. Denn zu sterben und dabei das Ziel zu verfehlen, wäre Begeisterung für einen sinnlosen Tod. Daran ist nichts Beschämendes. Das ist die Quintessenz des Samuraidaseins. Jeden Morgen und jeden Abend sich selbst zu erneuern, ist wie sterben, und wenn man in seinem Körper lebt, als wäre dieser bereits tot[6], erreicht man die Freiheit des Wegs des Samurai, dann gibt es keine Fehler, und man

6. Das Denken, das sich hinter dieser Ansicht verbirgt, stammt aus dem Buddhismus. An nichts anhaften ist der Grundsatz eines Buddhisten, der durch die Aufgabe aller eigensüchtigen Begierden wahrhaft frei wird und deshalb ein reiches und erfülltes Leben führen kann.

kann die Pflichten des Hauses, dem man dient, voll erfüllen.

~

Möchte man kurz gefasst beschreiben, was Samurai bedeutet, so ist dies die Hingabe von Leib und Seele an den Herrn und dessen Verehrung. Darüber hinaus zählen Weisheit, Menschlichkeit und Mut. Diese drei Tugenden sind zwar für den gewöhnlichen Menschen unerreichbar, doch sie sind ganz einfach. Weisheit bedeutet nichts anderes, als sich mit anderen Menschen zu beraten. Dies ist die höchste Weisheit. Menschlichkeit heißt, etwas für andere zu tun. Man vergleicht andere mit sich selbst, bis man ihre guten Seiten gefunden hat. Mut heißt, mit den Zähnen zu knirschen. Man nimmt nichts mehr wahr, knirscht mit den Zähnen und prescht vor bis zum Untergang. Mehr als diese drei Tugenden muss man nicht wissen. Daneben sind Äußerlichkeiten wie die eigene Erscheinung, Sprache und Schrift von Bedeutung, Alltäglichkeiten, die beständig geübt werden müssen. Das heißt, ruhig und kraftvoll an Geist zu gewinnen. Wenn man dies gemeistert hat, sollte man sich der Nationalen Schule widmen und danach zur eigenen Freude alle Kunstfertigkeiten nochmals üben. Genau bedacht, ist es einfach, ein Gefolgsmann zu sein. Betrachtet man heute Menschen als nur wenig nütze, so haben sie zumindest diese drei äußeren Bedingungen erreicht.

~

Ein Mönch sagte dereinst, dass man bei der Durchquerung eines Flusses, dessen Tiefen man nicht kenne, das andere Ufer nicht erreiche, seine Aufgabe nicht zu Ende bringe und zudem Gefahr laufe, in der Strömung den Tod zu finden. Zeigt ein Gefolgsmann übergroßen Eifer, ohne den Sitten der Zeit, den Vorlieben und Abneigungen seines Herrn Rechnung zu tragen, ist er zu nichts zu gebrauchen und richtet sich selbst zugrunde. Dienen und dabei aufzufallen, ist schändlich. Deshalb zieht man sich zuerst zurück, und wenn man dann die Tiefen und Untiefen begriffen hat, kann man dem Herrn zu Diensten sein, ohne dessen Missfallen zu erregen.

~

Fürst Naoshiges Erzählung

»Junge Samurai müssen wachsam sein. Wird in Friedenszeiten von militärischen Ereignissen erzählt, sollte man niemals fragen: »Und wenn es so weit ist, was mache ich dann?« Solche Fragen sind indiskutabel. Wie kann jemand, der zu Hause sitzt und seine Zweifel hat, irgendetwas im Kampf erreichen? »Egal, was kommt, man muss siegen. Man muss den ersten Speer werfen« lautet die Devise. »Selbst wenn man bis an seine Grenzen gegangen ist, kann man nichts ausrichten, wenn sich eine Situation unvorhergesehen entwickelt hat.« Mit diesen Worten legte Fürst Naoshige seine Ansichten dar.

~

Wer gedankenlos wegen irgendeiner Sache in ein Amt geht, in dem man sehr beschäftigt ist, wird Unwillen und Ärger hervorrufen, was schlecht ist. In so einem Fall sollte man sich zuerst beruhigen und mit demjenigen in einer angemessenen Weise sprechen. Das ist die Art eines Samurai. Nur mittelmäßige Menschen benehmen sich schroff.

~

Fürst Yagyu war der Ansicht, dass ein Mann großer Stärke keiner militärischen Taktiken bedarf. Als Beweis dafür gab es einen Bannerträger des Shōgun, der zum Fürsten von Tajima[7] kam und darum bat, sein Schüler zu werden. Fürst Tajima sprach zu ihm:

7. Tajima, Yagyu war Fürst von Tajima.

»Wie ich sehe, seid Ihr ein Mann, der in einer der Schulen bereits sehr erfolgreich gelernt hat. Wir können einen Ausbildungsvertrag abschließen, wenn Ihr mir gesagt habt, um welche Schule es sich handelt.« »Ich habe in den militärischen Disziplinen noch keinerlei Unterweisung erhalten«, erwiderte der Mann. »Wollt Ihr mich zum Narren halten?«, fragte Fürst Tajima. »Ich täusche mich doch nicht, wenn ich sage, dass Ihr ein Lehrer des Shōgun seid, oder?«, bohrte Fürst Tajima weiter. Doch der Mann schwor, dass er die Wahrheit gesagt habe. »Nun, wenn das so ist, welche Kenntnis besitzt Ihr dann?«, fragte Fürst Tajima. »Bereits in der Jugend erkannte ich, dass es für einen Krieger das Wichtigste ist, seinem Leben nicht nachzutrauern. Außer dieser plötzlichen Erkenntnis erwarb ich über Jahre keine weiteren Kenntnisse, und heute denke ich nicht im Geringsten über den Tod nach. Sonst habe ich keine Kenntnisse aufzuweisen«, sprach der Mann. Fürst Tajima war beeindruckt. »Dann habe ich mich also nicht getäuscht«, meinte er, »für mich ist diese eine Sache der Kernpunkt der militärischen Taktik. Unter den Dutzenden Schülern, die ich bis heute hatte, seid Ihr der Einzige, der das erkannt hat. Ihr braucht

kein hölzernes Schwert[8] zu holen. Ich werde Euch gleich zu meiner Schule zählen.« Und prompt soll er ihm das Zertifikat überreicht haben, berichtete Murakawa Sōden.

~

Früher waren tapfere Männer meist ungehobelte Kerle. Weil sie so ungehobelt waren, war ihre Energie stark, und sie waren tapfer. Auf die berechtigten Zweifel daran kam als Antwort: »Weil sie vor Energie strotzten, benahmen sie sich im täglichen Leben raubeinig und hatten das Aussehen von wilden Spießgesellen. Doch da die heutigen Männer schwach sind, gibt es keine Spießgesellen mehr. Je mehr die Energie schwand, desto mehr nahm der Charakter zu. Doch Tapferkeit ist eine andere Sache. Weil die heutigen Männer keine Stärke mehr besitzen, sind sie dennoch nicht weniger wert, und man kann nicht sagen, dass sie weniger verrückt sind zu sterben, sie verwenden ihre Kraft nur auf andere Dinge.

~

Narutomi Hyōgo sprach: »Siegen heißt, einen Verbündeten zu besiegen. Einen Verbündeten zu besie-

8. Das hölzerne Schwert war für Anfänger.

gen heißt, sich selbst zu besiegen. Sich selbst zu besiegen heißt, mit Entschlossenheit den eigenen Körper zu besiegen. Zugleich bedeutet es, wild entschlossen zu sein, als ob nicht einer der zehntausend Verbündeten mir folgte, denn nur so kann ich den Feind besiegen.«

~

Leben und Tod sind nicht zu trennen

Ein Krieger, der zwischen Leben und Tod unterscheidet, ist nicht zu gebrauchen. Auch wenn es heißt, dass zehntausend Fähigkeiten einem entschlossenen Herzen entspringen, und obwohl man meinen könnte, dass dies mit gründlichem Nachdenken zu tun hat, ist es in Wirklichkeit eine Trennung zwischen Leben und Tod. Darüber hinaus ist es die Frage nach dem Gegner, die man sich stellt. Kunstfertigkeiten sind der Auslöser, auf einen falschen Weg gelockt zu werden.

~

Nagahama Inosukes Erzählung

Sich selbst aufzugeben und zu kämpfen ist Kriegstaktik. Wenn das Gegenüber das Gleiche tut, ist man gleichwertig. Über den Sieg entscheidet das Schicksal. Sein Schlafquartier sollte man nicht zeigen. Die

Zeit der Ruhe und die Zeit des Aufwachens sind von großer Bedeutung. Daran sollte man immer denken.

~

Natsume Toneris Erzählung

Wenn man in die Schlacht zieht, sollte man einen Sack Reis mitnehmen. Die Unterwäsche sollte aus einfarbigem Leder sein, damit man keine Flöhe bekommt. Wenn man auf einem langen Feldzug Flöhe bekommen hat, ist es schwer, sie wieder loszuwerden. Wenn sich die Lanzen kreuzen, kann man die Stärke oder Schwäche des Feindes daran erkennen, ob er den Kopf gesenkt hält und man das Schwarz sehen kann. Wenn ja, dann ist er stark. Wer den Kopf nach oben trägt, so dass man das Weiß des Gesichts sehen kann, ist schwach.

~

Die Fertigkeiten eines Gefolgsmannes liegen in seiner äußeren Erscheinung, seiner Sprechweise und seinem Schreibstil. Die Erscheinung ist entsprechend den Umständen prächtig. Die Menschen, die einem heute wenig ins Auge fallen, kann man getrost vernachlässigen.

~

Ein Krieger hat tapfer zu sein, aber nicht stolz. Es ist wichtig, dass er den Tod verachtet.

~

Fünf oder sechs Knappen reisten einmal gemeinsam auf einem Boot in die Hauptstadt. Mitten in der Nacht stieß ihr Boot mit einem anderen Schiff zusammen. Fünf oder sechs Matrosen sprangen an Bord und verlangten nach den Regeln der Schifffahrt, dass der Anker übergeben werden müsse. »Wie kommt Ihr dazu, die Ausrüstung von einem Samuraischiff zu verlangen, der Seemannskodex gilt nur für Euresgleichen?«, riefen die herbeigeeilten Knappen. »Wir werden jeden Einzelnen von Euch erschlagen und ins Meer werfen!« Als die Seeleute das hörten, suchten sie allesamt das Weite. In solchen Momenten muss man sich wie ein Krieger verhalten. In minderen Fällen genügt oft schon die Schelte. Wer jedoch einer unbedeutenden Sache zu viel Gewicht beimisst, wird am Ende nichts erreichen.

~

Das Versagen eines Gefolgsmannes kann mit Ungeschicklichkeit oder Unerfahrenheit entschuldigt werden. Doch welche Entschuldigung kann für das Versagen der in diesen unbedachten Vorfall verwickelten Männer vorgebracht werden? Zenchū sprach dazu für gewöhnlich: »Die Krieger haben aufgehört, kühne Männer zu sein.« Falls man der Meinung ist, dass dies eine Beleidigung sei, so frage man sich, was besser sei – beim Militär nicht mehr Dienst tun zu können, weil man nicht mehr schnell genug reagiert, oder keinen Platz zu haben, zu dem man gehen kann, weil man ein schlechter Mensch ist. Besser, als mit der in der Brust brennenden Schande zu leben, ist es, durch Selbstentleibung Rechenschaft abzulegen. Bedauerlich ist, wer sagt, das Leben sei wertvoll und er bevorzuge es zu leben, weil dieser Tod ein sinnloser Tod sei. Auf einen solchen Menschen wird man von dem Augenblick an die nächsten Jahre mit dem Finger zeigen, und die Schande, die dieser Mensch auf sich geladen hat, wird auch durch seinen Tod nicht ausgelöscht, sondern geht auf seine unschuldigen Nachkommen über, der Name der Vorfahren wird geschmäht, und Schmach haftet der ganzen Sippe an. Wer noch nicht einmal im Traum weiß, was es bedeutet, ein Krieger zu sein, sondern müßig in den Tag hinein lebt, sollte bestraft werden. Man kann sagen, dass ein Mann, der niedergehauen wurde, seiner Bestimmung als Krieger nicht gerecht wurde. Der Mann, der ihn niederschlug, konnte nicht anders handeln, indem er dachte, es bliebe ihm nichts anderes übrig. Weil er sein Leben für einen Unnützen weggeworfen hat, ist er auch nicht besser.

~

Ungeduld ist als unangebracht zu bezeichnen. Wenn sich zwei Männer feindlich gegenüberstehen, kann nicht von Feigheit die Rede sein, doch wer sich dabei Schande zuzieht, kann kein Krieger sein. Man sollte sich immer des Augenblicks bewusst sein und sich nach Kräften bemühen. Wer dies nicht verinnerlicht hat, kann seinen Pflichten nicht wirklich nachkommen. Weil die Menschen nachlässig geworden sind, verbringen sie ihr Leben unbeschwert. Doch der Krieger übt sich jeden Morgen aufs Neue im Sterben, er ist darauf fixiert – ob hier oder anderswo – und ist sich des Todes stets bewusst. Obgleich dies eine große Herausforderung ist, kann sie bewältigt werden, wenn man dazu entschlossen ist. Alles ist machbar. Auch das gesprochene Wort ist für militärische Belange nicht ohne Bedeutung. Mit einem Satz wie »Bleib stehen, nur Feiglinge laufen davon« kann man einen Mann aufhalten, falls nicht, muss man ihn töten. Durch die Macht der jeweiligen Worte kann eine Situation gelöst werden. Es gab einmal einen Mann, der in der Lage war, den Menschen ins Herz zu sehen. Der Begriff »jetzt« ist ein Beweis dafür genauso wie ein Yokoza no yari[9], d. h. Dinge im Vorhinein zu bedenken.

Nach der Ansicht von Fürst Katsushige gibt es vier Arten von Gefolgsleuten. Schnell und dann langsam, langsam und dann schnell, immer schnell und nur träge. Diejenigen, die immer schnell sind, machen ihre Sache gut, wenn sie einen Befehl erhalten haben. Sie sind die Besten. Fukuchi Kichizaemon ist ein Beispiel dafür. Erst träge und dann schnell bedeutet, sie sind zunächst nicht in der Lage, einem Befehl Folge zu leisten. Dann jedoch bemühen sie sich, ihn so gut wie nur möglich auszuführen. Nakano Kazuma gehört zu dieser Kategorie. Erst schnell und dann langsam heißt, dass diese Leute zwar den Befehl klar verstanden haben, doch dann zögern, ihn auszuführen. Zu dieser Kategorie gehören die meisten. Der Rest ist immer langsam.

9. Speer zu Seiten des Fürsten oder Herrn. Yokoza ist der Platz neben dem Fürsten.

Der Priester Tannen wies während des Alltags immer wieder auf Folgendes hin: »Ein Buddhist muss nach außen Barmherzigkeit zeigen, aber wenn er in seinem Inneren vollkommen mutlos ist, kann er den Weg Buddhas nicht vollenden. Der Krieger zeigt seinen Mut nach außen, aber wenn er in seinem Herzen ohne jede Hingabe ist, kann er den Aufgaben des Hauses nicht gerecht werden. Deshalb sieht der Buddhist den Krieger als Vorbild für den Mut und der Krieger den Buddhisten als Vorbild für die Hingabe. Während der vielen Jahre, die ich bereits das Mönchsgewand trage, traf ich auf Menschen voll Wissen, doch ich traf nicht einen, der sich immer wieder des Studiums befleißigte. Aus diesem Grunde scheute ich keine Mühen, wenn ich von einem mutigen Manne an irgendeinem Ort gehört hatte, war der Weg auch noch so beschwerlich, und ich denke wahrhaftig, dass der Weg des Kriegers für den Weg Buddhas eine Hilfe sein mag. Der Krieger, dem durch seine Waffen und seine Rüstung Kraft verliehen wird, stürmt in die feindlichen Reihen. Aber kann ein Buddhist, mit einem einzigen Rosenkranz und mit nichts als Milde und Barmherzigkeit gerüstet, sich in Reihen von Speeren und Langschwertern stürzen? Ohne großen Mut bewirkt er gar nichts. Als Beweis mag eine große buddhistische Feier dienen, bei der Priester beim Entzünden von Weihrauch anfangen zu zittern, weil sie keinen Mut haben. Um einen Todgeweihten mit einem Fußtritt ins Leben zurückzurufen, die Wesen aus der Hölle herauszuholen, braucht man Mut. Doch die heutigen Buddhisten besitzen diesen Mut nicht, und weil sie lobenswerterweise milde sind, kann keiner von ihnen den Weg vollenden. Daneben gibt es einige schwächliche Krieger, die auf dem Weg Buddhas voranschreiten, was sehr bedauerlich ist. Wenn junge Samurai etwas über den Buddhismus erlernen, ist dies ein Fehler, weil sie dadurch die Dinge von zwei Seiten sehen. Man muss sich nach einer Seite ausrichten, sonst ist man wertlos. Für die Alten, die sich bereits zur Ruhe gesetzt haben, ist es angebracht, sich mit dem Buddhismus als Zeitvertreib zu beschäftigen. Doch ein Krieger hat Loyalität und kindliche Pietät, Mut und Hingabe zu schultern, und wenn er rund um die Uhr diese Last auf seinen Schultern trägt, ist er ein wirklicher Samurai. In seinem Morgen- und Abendgebet, beim Wachen und im Schlaf hat er nur den Namen seines Herrn anzurufen. Darin unterscheidet er sich kaum von der buddhistischen Anrufung Amidas. Daneben hat er ständig im Einklang mit der Clangottheit zu sein, die für das Schicksal zuständig ist. Was jedoch die Hingabe betrifft, so ist sie wie eine Mutter, die das Schicksal eines Menschen nährt. Beispiele von Kriegern, die ohne Hingabe und nur mit Mut allein handelten, gibt es sowohl in der Vergangenheit als auch Gegenwart.«

PFLICHTEN EINES SAMURAI

Fürst Naoshige sagte einmal: »Nichts wird so tief empfunden wie die moralische Verpflichtung[10]. Wenn ein Vetter stirbt, vergieße ich keine Träne, weil ich nichts empfinde, doch dann erfahre ich etwas von mir unbekannten Männern, die vor fünfzig oder hundert Jahren lebten, und aufgrund dieser moralischen Verpflichtung fange ich an zu weinen.«

~

Ein Gefolgsmann, der seinem Herrn höchsten Respekt entgegenbringt, gehört zur höchsten Klasse der

10. Giri, die moralische Verpflichtung gegenüber seinem Herrn, gegenüber besonders tapferen Menschen.

Gefolgsleute. Wer in eine berühmte, seit Generationen bestehende Familie hineingeboren wurde, seine Verpflichtung gegenüber dem Wohlwollen der Ahnen ernst nimmt, Körper und Geist aufgibt, der erweist wirkliche Verehrung. Es ist ein zusätzliches Glück, wenn darüber hinaus Weisheit und Geschicklichkeit vorhanden sind, so dass man für verschiedene Aufgaben eingesetzt werden kann. Doch selbst ein Mann, der für nichts zu gebrauchen ist und nichts richtig zuwege bringt, ist ein aufrichtiger Gefolgsmann, solange er gewillt ist, seinen Herrn zu verehren. Wer allein durch Wissen und Geschicklichkeit dient, steht auf der untersten Stufe der Gefolgsleute.

~

Ein Gefolgsmann ist nichts anderes als ein Verbündeter seines Herrn, der Gutes und Schlechtes auf sich nimmt und sich selbst dabei verleugnet. Wenn es zwei oder drei Leute dieser Art gibt, sieht es für das Lehen gut aus. Betrachtet man die Welt über einen langen Zeitraum, so sind diejenigen zahlreich, die in guten Zeiten durch Weisheit, Unterscheidungsvermögen und Kunstfertigkeit glänzen. Doch sobald der Herr sich aufs Altenteil oder ins Privatleben zurückzieht, kann man beobachten, wie sich viele von ihm ab-

und dem neuen Mann des Tages zuwenden. Nur daran zu denken ist schon verachtenswert. Bedeutende und unbedeutende Männer, solche von großem Verstand und Männer mit Geschick, obgleich überzeugt von ihrem Dienst, werden schwach, wenn es darum geht, sein Leben für den Fürsten zu opfern. Das ist keineswegs rühmlich. Dass aber ein ansonsten unnützer Mensch in solchen Zeiten zu einem Mann werden kann, der tausend aufwiegt, liegt daran, dass er sein eigenes Leben zugunsten des Herrn, mit dem er eins ist, aufgegeben hat. Zur Zeit des Ablebens von Mitsushige gab es ein solches Beispiel. Die redegewandten und berühmten Männer kehren, wenn der Herr die Augen für immer schließt, ihm den Rücken. Erst dann weiß man, was der Schwur, dem Herrn zu folgen und die Aufrichtigkeit als wichtig zu erachten, bedeutet, auch wenn er unerreichbar scheint. Wer sich einmal fest entschlossen hat, wird von dem Augenblick an ein herausragender Gefolgsmann.

~

Jeden Morgen hat man zuerst seinem Fürsten, den Eltern und danach den Clangottheiten sowie der buddhistischen Schutzgottheit seine Verehrung zu entbieten. Da der Fürst die wichtigste Person ist, wird er zuerst verehrt, was die Eltern auch erfreut und von den buddhistischen Gottheiten gutgeheißen werden kann. Ein Krieger denkt nur an seinen Herrn. Wer sich dazu entschlossen hat, wird seinem Herrn nicht für einen Augenblick von der Seite weichen und sich nur auf ihn konzentrieren, so wie eine Frau an erster Stelle an ihren Ehemann als ihren Herrn denkt.

~

Ein Gefolgsmann ist Tag und Nacht im Einsatz, entweder vor seinem Herrn oder wenn er einen Auftrag in der Öffentlichkeit zu verrichten hat. Wenn er dagegen während seiner Ruhezeiten nachlässig ist, sieht die Öffentlichkeit nur diese Nachlässigkeit, weshalb man sehr Acht geben muss.

~

»Der Weg des Samurai ist die Todesverachtung, einen solchen Mann können selbst Dutzende von Männern nicht töten«, sprach Fürst Naoshige. Mit einem einfachen Gemüt kann man nichts Großes vollbringen. Nur durch Tollheit wird man todesmutig. Wer bezüglich des Wegs des Kriegers Unterscheidungen trifft, wird rasch zurückfallen. *Bushidō* bedeutet, selbst ohne Loyalität und kindlicher Pietät zu bedürfen, dass man todesmutig ist, denn Loyalität und kindliche Pietät müssen darin bereits enthalten sein.

~

Einer, der das *Nembutsu*[11] rezitiert, tut dies, um mit jedem Atemzug an Buddha zu denken, indem er dessen Namen anruft. Ein Gefolgsmann sollte mit dem Namen seines Herrn genauso verfahren. Es ist das Wichtigste, den Namen seines Herrn stets auf den Lippen zu tragen.

~

Yamamoto Gorōzaemon begab sich zum Priester Tetsugyo in Edo, um ihn nach dem Weg Buddhas zu fragen, woraufhin ihm der Priester zur Antwort gab: »Das Gesetz Buddhas beseitigt die Unterscheidung. Das ist alles. Ich werde Euch das anhand des Beispiels eines Kriegers erläutern: Das Zeichen für Feigheit trägt als linken Bestandteil das Herz. Der rechte Teil des Zeichens ist der Geist. Wenn ein Mann dem ursprünglichen Zeichen für Herz die Unterscheidung hinzu-

11. Anrufung des Amida-Buddha. Durch die stete Anrufung »Namu amida butsu« konnte jeder im westlichen Paradies, in dem Amida wohnt, wiedergeboren werden. Amida, Amitabha auf Sanskrit, hatte ein Gelübde abgelegt, nach dem er jedem Wesen, das seinen Namen anruft, helfen würde.

fügt, wird er zu einem Feigling. Wie kann ein Krieger noch ein tapferer Mann sein, wenn er anfängt zu unterscheiden? Ich hoffe, Ihr habt mich verstanden.«

~

Aus den Aufzeichnungen der Sinnsprüche, die Yamamoto Jin'emon zu sagen pflegte, seien hier einige zitiert:

- Wenn man eine Seite sehen kann, sieht man acht.
- Frivoles Gelächter bei einem Mann zeigt mangelnden Stolz und bei einer Frau Verwerflichkeit.
- Wenn man spricht, sei es formell oder informell, hat man seinem Gegenüber in die Augen zu schauen. Der korrekte Gruß muss zu Beginn und am Ende erfolgen. Mit niedergeschlagenem Blick zu sprechen ist unhöflich.
- Die Hände in die Hakama[12] zu stecken ist unhöflich.
- Nachdem man Romane gelesen hat, sollte man sie wegwerfen und verbrennen. Es ist die Aufgabe des Adels, Bücher zu lesen, die Aufgabe des Hauses Nakano ist die Lektüre militärischer Abhandlungen, um Stärke zu begreifen.

12. Hosenartiges Gewand der Männer, an den Seiten geöffnet.

- Ein Samurai ohne Gefolge und ohne Pferd ist kein richtiger Samurai.
- Auf einen tollkühnen Mann ist Verlass.
- Am Morgen sollte man zur siebten Doppelstunde[13] aufstehen, sein tägliches Bad nehmen, sein Haar pflegen und, wenn die Sonne aufsteigt, das Frühstück zu sich nehmen. Wenn es dunkel wird, zieht man sich zur Ruhe zurück.
- Obgleich er nicht gegessen hat, benutzt der Samurai einen Zahnstocher, nach innen trägt er das Fell eines Hundes, nach außen das Fell eines Tigers.

~

Ein Krieger muss allen Dingen seine Aufmerksamkeit schenken und jede noch so kleine Niederlage verabscheuen. Besonders muss er mit Bedacht sprechen, da ihm sonst Worte wie »Ich bin feige«, »Jetzt sollte ich fliehen«, »Das ist Furcht erregend«, »Das tut weh« über die Lippen kommen könnten. Dies sind

13. Nach dem alten Kalender war der Tag in zwölf Doppelstunden eingeteilt. Die Stunde des Tigers war zwischen drei und vier Uhr morgens, die Zeit für den Samurai, aufzustehen und sich für den Tag vorzubereiten. Die Zeitrechnung unterscheidet sich von der europäischen, da der Tag nicht um Mitternacht beginnt, sondern mit Sonnenaufgang, und mit Sonnenuntergang endet.

Worte, die weder im Herzen, im Schlaf noch als Scherz ausgesprochen werden dürfen. Wenn ein Mensch mit Verstand solche Worte hört, wird er die wahre Gesinnung des anderen erkennen. Deshalb ist stete Achtsamkeit unabdinglich.

~

Wer in seinem Herzen das Kriegerische an die höchste Stelle setzt und wessen Bewusstsein ohne Zweifel ist, wird, wenn der richtige Zeitpunkt gekommen ist, in der Lage sein, das Beste zu tun. Im entscheidenden Augenblick zeigt sich das Verhalten im Handeln und Sprechen, deshalb ist schon ein einziges Wort von Bedeutung. Es dient nicht dazu, dass ich mein Herz vor anderen bloßlege, wichtig ist, dass ich den anderen mein Verhalten offenbare.

Mündliche Überlieferung

~

Wenn man als Gefolgsmann dient, sollte man sich weder zu Hause noch in der Öffentlichkeit ungebührlich hinsetzen. Das Gleiche gilt für das Sprechen, doch wenn eine Sache unklar ist, sollte man zehn Worte in einem Satz zusammenfassen, um sich verständlich zu machen. Yamazaki Kurando war solch ein Mensch. *Mündliche Überlieferung*

~

Nach Ansicht von Fürst Naoshige sollte jeder ernsthafte Samurai sich befleißigen, zu allen Kameraden freundlich zu sein. Und deshalb sollte jeder Samurai bis hin zum einfachen Fußsoldaten von diesem Verhalten beseelt sein. Die Gefolgsleute sollten zur richtigen Zeit davon überzeugt sein, dass sie für ihren Herrn alle einer Meinung sind, mehr braucht man nicht zu sagen. Das heißt, gute Gefolgsleute zu haben.

~

Yamamoto Jin'emon sagte einst, dass es für einen Samurai extrem wichtig sei, die richtigen Leute zu haben. Wie sehr man auch denkt, man könne alles alleine schaffen, in militärischer Hinsicht ist dies nicht machbar. Gold und Silber kann man sich borgen. Aber Menschen sind nicht plötzlich da. Zugleich müssen gute Männer angemessen unterhalten werden. Mit einem solchen Mann muss ich meine Mahlzeit teilen, um ihn zu halten, und wenn ich Gefolgsleute will, darf ich nicht an mich allein denken, sondern muss mit ihnen teilen.

~

In einer Sache zwei Dinge gleichzeitig zu vermuten ist schlecht. Der Weg des Kriegers ist und bleibt der Weg des Kriegers, man sollte keinen anderen Sinn in ihm suchen, was übrigens für alle anderen Wege genauso gilt. Jedoch kann man in Zusammenhang mit dem Weg der Gelehrten[14] und dem Weg Buddhas nicht gleichzeitig vom Weg des Kriegers sprechen. Wer die verschiedenen Wege erlernt hat, wird leicht seinen eigenen Weg finden.

~

Ein einziges Wort eines Kriegers ist je nach Fall von großer Bedeutung. Nur ein einziges Wort kann Tapferkeit ausdrücken. Ein Wort kann in einer friedlichen Welt Mut bezeichnen. Ein einziges Wort von ihm lässt in unruhigen Zeiten seine Stärke oder Feigheit erkennen. Dieses eine Wort entspringt seinem Herzen, der Mund kann es nicht wiedergeben.

~

Ein Krieger sollte niemals auch nur ansatzweise etwas Feiges sagen, sondern erst nachdenken. Selbst in unbedeutenden Dingen kann man ins Innerste seines Herzens blicken.

~

14. Konfuzianismus.

Jin'uemon pflegte häufig zu sagen, dass ein Samurai, auch wenn er nichts gegessen habe, einen Zahnstocher benutze, im Inneren das Fell eines Hundes und nach außen das Fell eines Tigers trüge. Ein Krieger muss nach außen adrett, in seinem Inneren aber sparsam sein. Meist ist es umgekehrt.

~

Ein Gefolgsmann sollte nur seinen Dienst im Kopf haben und sonst nichts. Wenn er denkt, dass große Aufgaben gefährlich seien, und er sich davor drücken möchte, ist er ein Feigling. Bekommt man einen Dienst zugewiesen und geht mutlos an die Sache heran, ist der Schaden gleich, als würde man durch den Biss des Tigers sterben.

~

Wer den Dienst dazu benutzt, um seine Techniken zu verfeinern, wird zwar hoch hinauskommen, aber dafür den Sinn für die Realität verlieren. Man braucht kein besonderes Verständnis, um zu wissen, dass der Erfüllung des Dienstes nichts gleichkommt. Deshalb ist es besser, mit beiden Beinen fest auf der Erde zu stehen. Wer sich darüber nicht von Anfang an im Klaren ist, taugt nicht für den Dienst. Kurz gesagt, die Verfeinerung der Techniken ist gänzlich aufzugeben.

~

Für den Fürsten zu sterben ist wertvoller, als den Feind zu erschlagen. An der Loyalität von Tsugunobu kann man diesen Wert erkennen.

~

Nach dem Urteil der Altvorderen muss die Willenskraft eines Kriegers überdurchschnittlich sein. Wer eine Sache mit Zurückhaltung angeht, dem kann später vorgeworfen werden, er hätte sich nicht genug Mühe gegeben. Doch man sollte immer daran denken, in seinen Bemühungen nicht zu weit zu gehen.

~

Man muss täglich auf den unvermeidlichen Tod gefasst sein. Jeden Morgen beruhigt man Geist und Körper, sieht Pfeilen, Gewehrkugeln, Speeren und Schwertern ins Auge, ist darauf vorbereitet, von einer großen Welle erfasst zu werden, in ein großes Feuer zu springen, vom Blitz erschlagen zu werden, in einem Erdbeben ums Leben zu kommen, von einer hohen Klippe zu springen, an Krankheit zu sterben oder den Herrn in den Tod nachzufolgen. Jeden Morgen sieht man sich, ohne nachlässig zu werden, mit dem Tod konfrontiert. Die Alten sagten: »Sobald man unter der Traufe hervortritt, ist man ein toter

Mann, sobald man das Haus verlässt, steht man dem Feind gegenüber.« Dies ist keine Vorsichtsmaßnahme, sondern die Einsicht, dass der Tod überall lauert.

~

Die Samurai früherer Zeiten trugen einen Schnurrbart. Wer in der Schlacht enthauptet wurde, dem schnitt man Ohren und Nase ab; um unterscheiden zu können, ob man den Kopf einer Frau oder eines Mannes vor sich hatte, trug man einen Schnurrbart. Zu jener Zeit wurden Köpfe ohne Schnurrbart weggeworfen, weil man sie für Frauenköpfe hielt. Deshalb war der Schnurrbart in Mode, damit der Kopf nach dem Tod nicht weggeworfen wurde[15].

~

Maxime der Alten

Indem wir der Dienste und Taten eingedenk sind und uns der Weisheit der Alten anvertrauen, kann Selbstsucht verhindert werden. Wer das Ichbewusst-

15. Nach erfolgreicher Schlacht gab es die Kopfschau. Die Köpfe der erschlagenen Feinde wurden zuerst zur Konservierung in Salz eingelegt. Für die Kopfschau wurden sie von den Frauen gewaschen, geschminkt und frisiert, dann auf ein Brett mit einem langen Nagel aufgesteckt. Der Feldherr, nur mit dem Seitenteil seiner Rüstung anstelle der kompletten Rüstung, schritt die Reihe der Köpfe seiner erschlagenen Feinde ab.

sein aufgibt, sich auf die Maxime der Alten stützt und andere konsultiert, wird nichts Schlechtes hervorbringen. Fürst Katsushige bediente sich der Weisheiten des Fürsten Naoshige, die in den Aufzeichnungen seiner Reden enthalten sind und für die wir Dankbarkeit empfinden. Ferner gab es einen Mann, der seine jüngeren Brüder zu Gefolgsleuten ernannte, und wenn er nach Edo oder Kyōto reiste, wies er sie an, ihn zu begleiten. Da er tagein, tagaus mit seinen jüngeren Brüdern private und öffentliche Angelegenheiten besprach, hatte er keinen Misserfolg, so wird berichtet.

~

Im Bushidō kōshasho[16] heißt es: »Für einen geübten Krieger ist der Weg, sich einen Namen zu machen, nichts anderes als das Militär.« Das kann für die Zukunft ein Irrtum sein. Man muss sich diesen Spruch Wort für Wort ansehen. Ferner sprach Shida Kichinosuke: »Ohne Leben und Sterben kann es kein Leben geben.« Kichinosuke war ein tollkühner Bursche, der auf scherzhafte Weise jungen Menschen die Schande fehlgeleiteter Krieger nahe brachte. »Wenn

16. Bushidō kōshasho, bestehend aus zwei Bänden, wird als das früheste Werk der Bushidō-Literatur angesehen.

ich überlege, ob ich essen soll oder nicht, ist es besser, nicht zu essen, und wenn ich überlege, ob ich sterben oder leben soll, ist es besser zu sterben.«

~

Ein Mensch, der um seinen Herrn besorgt ist und sich ohne Tadel verhält, ist von großer Loyalität. Deshalb ist es wichtig, dass von klein auf alle Situationen der Familie und Belange der Vorfahren sorgfältig und mit großem Verständnis erlernt werden.

~

Es kann immer vorkommen, dass man die Anweisung erhält, Rōnin zu werden. Fürst Katsushige sprach einmal: »Wer nicht mindestens siebenmal in seinem Leben ein Rōnin war, ist kein wahrhaftiger Gefolgsmann. Siebenmal untergehen, achtmal wieder aufstehen.« Naritomi Hyōgo war siebemal Rōnin. Wenn man sich wieder erhebt, handelt man gleichsam wie eine Aufstehpuppe. Die Anweisung, Rōnin zu werden, kann als eine Art Prüfung durch den Fürsten angesehen werden.

~

Wer jemanden aufsucht, der in Schwierigkeiten steckt, braucht nur ein Wort zu sagen, damit der andere weiß, wie man denkt. Für einen Krieger ist es jedoch eine Schande, wenn er durch Niedergeschlagenheit erschöpft ist. Wer nicht mutig voranschreitet und entschlossen ist zu siegen, ist nicht brauchbar. Man sollte die Menschen ermuntern.

~

Auch wenn der Mittelweg das höchste Ziel ist, muss ein Mann in Bezug auf militärische Angelegenheiten im täglichen Leben davon überzeugt sein, andere zu übertreffen, sonst bringt er nichts zuwege. Obwohl laut den Unterweisungen für Bogenschützen die rechte und die linke Hand auf gleicher Höhe zu sein haben, neigt die rechte Hand dazu, etwas höher zu liegen. Legt man beim Schuss die rechte Hand ein wenig niedriger, sind beide Hände wieder auf gleicher Höhe. Im Kampf heißt es, dass derjenige, der Tag und Nacht davon träumt, einen tüchtigen Krieger zu überbieten und einen kräftigen Gegner zu erschlagen, zu einem unerschrockenen und unermüdlichen Kämpfer wird. So erzählen sich die alten Samurai. Auch im täglichen Leben sollte man sich so verhalten.

~

Es heißt, dass Kunstfertigkeit dem Körper hilft, doch das gilt für Samurai in anderen Gegenden. Die Samurai in unserem Gebiet werden durch Kunstfertigkeit nur ruiniert. Wer sich einer Kunst verschrieben hat, gleich welcher, ist ein Künstler, aber kein Samurai. Jeder, der Samurai genannt werden will, sollte sich dessen bewusst sein. Wer erkannt hat, dass auch nur die geringste Kunstfertigkeit einem Samurai zu Schaden gereicht, wird alle Kunstfertigkeiten für sich nutzen können. Dieses Verständnis muss man aufbringen.

~

Mit ein wenig Verstand allein kann man nichts erreichen, man muss einen Gesamteinblick haben. Nur ein Urteil über Gut oder Schlecht zu fällen reicht nicht aus. Man darf aber auch nicht dumm sein. Man ist kein richtiger Samurai, wenn man nicht rechtzeitig erkennt, wann man zuschlagen muss.

~

Als Tadanao fünfzehn Jahre alt war, benahm sich ein Küchengehilfe einem Fußsoldaten gegenüber respektlos. Daraufhin wollte ihn der Soldat verprügeln. Doch der Küchengehilfe tötete am Schluss den Fußsoldaten. Weil sich der Küchengehilfe seines niedrigen Ranges nicht bewusst war und letztendlich seinen Gegner getötet hatte, sollte er mit dem Tode bestraft werden, war der Beschluss des Ältestenrates. Als Tadanao dies vernahm, sagte er: »Er hat zwar gegen die Sitte verstoßen, aber ist es nicht schlimmer, den Weg des Kriegers zu verlassen?« Der Ältestenrat wusste darauf keine Antwort. »Wenn das Vergehen nicht klar definiert ist, so habe ich gelesen, soll die Strafe leicht ausfallen. Sperrt ihn für eine Weile ein«, waren die Worte Tadanaos.

BEFEHLEN IST FOLGE ZU LEISTEN

Als Seitokuin[17] verstorben war, verbot Fürst Mitsushige den Gefolgsleuten des Verstorbenen, diesem in den Tod nachzufolgen. Mitsushige entsandte einen Boten zur Residenz des Verstorbenen, um die Anweisung zu übermitteln, doch keiner wollte sich damit einverstanden erklären. Unter den Gefolgsleuten befand sich Ishimaru Uneme, der spätere Seizaemon, der sich auf dem untersten Rang befand. »Obwohl es mir als Jüngerem nicht zusteht, verstehe ich das Anliegen des Fürsten. Ich habe das Wohlwollen des Ver-

17. Buddhistischer Name des Fürsten Nabeshima Naoshiro, nachdem er sich von den Regierungsgeschäften zurückgezogen hatte.

storbenen genossen, weshalb ich fest entschlossen war, ihm in den Tod zu folgen. Doch nachdem ich den Befehl des Fürsten vernommen habe und seine Gründe verstehe, werde ich, ganz gleich, was die anderen tun werden, von meinem Vorhaben abrücken und nicht in den Tod folgen, sondern dem Nachfolger als Gefolgsmann dienen.« Nachdem er so gesprochen hatte, waren alle anderen seiner Meinung.

DIENEN BIS HIN ZUR SELBSTAUFGABE

Sagara Kyūma war eins mit seinem Herrn, er diente ihm, als wäre sein eigener Körper bereits tot. Ein solcher Mann wiegt Zehntausende auf, heißt es. Eines Tages fand in der Residenz Mizugae von Herrn Sakyō eine Versammlung statt, in der beschlossen wurde, dass Kyūma sich selbst zu entleiben habe. Zu dieser Zeit befand sich im dritten Stock der Residenz des Taku Nuu in Ōsaki ein Teehaus. Kyūma mietete dieses, versammelte um sich dort allerlei Taugenichtse, ließ Puppen anfertigen, eine davon als Kyūma selbst, und hielt Tag und Nacht Trinkgelage und

Puppenspiel ab, wobei er von diesem Platz aus die Residenz seines Herrn Sakyō unter lautem Lärmen überblicken konnte. Selbst schon zum Tode verurteilt, hatte er nichts anderes im Sinn, als bereitwillig auch unter schwierigen Umständen seinem Herrn zu dienen.

~

Wer in einem Dienstverhältnis steht, wichtige Dienstbesprechungen hält und nur an das Hier und Jetzt denkt, sich des Augenblicks bewusst ist und für den der Fürst das Wichtigste ist, kann keine Fehler machen. Das heißt, dass man sich im Dienst bemüht und sich dessen wahrer Bedeutung bewusst ist. Einem solchen Menschen kann man den Dienst anvertrauen.

FEIGHEIT

Als sich Fürst Katsushige auf einer Jagd in Shiroishi befand, erlegte er einen großen Eber. Alle kamen herbeigelaufen und riefen: »Was für ein seltenes Exemplar.« Als sie den Eber begutachten wollten, sprang dieser wider Erwarten auf und stürzte sich auf sie. In

Panik flohen die Männer. Nabeshima Matabei zog jedoch sein Schwert und erledigte das Tier. Fürst Katsushige aber bedeckte sein Gesicht mit dem Ärmel. »Es ist so schmutzig hier«, sprach er, wahrscheinlich wollte er die Verwirrung seiner Leute nicht sehen.

~

Als am 28. Tag der Belagerung die Burg Arima fiel, saß Mitsuse Genbei an einem Ackerrain. Nakano Shigetoshi kam an ihm vorbei und fragte, warum er dort säße. »Ich habe Bauchschmerzen und kann nicht einen Schritt mehr gehen. Meine Truppe habe ich schon vorausgeschickt, ich überlasse Euch das Kommando«, antwortete Mitsuse. Dies wurde dem Oberaufseher gemeldet und Mitsuse sofort zum Selbstmord verurteilt. Vor langer Zeit nannte man Bauchschmerzen Feigheitskraut. Sie kommen plötzlich, und man kann sich nicht mehr bewegen.

~

Als eine gewisse Person dabei war, die Rechnungsbücher in Ordnung zu bringen, stellte sie fest, dass das Silber nicht ausreichte, woraufhin sie einen Brief an den Vorgesetzten verfasste mit den Worten: »Wegen Gold und Silber muss ich mich entleiben, was bedauerlich ist. Ich ersuche Euch, mir die fehlende Summe zu geben.« Weil dies einleuchtend war, erhielt er Beistand, und die Angelegenheit wurde zu Ende gebracht. Selbst Schlechtes ist auf diese Weise ohne Verlust zu regeln.

FEHLVERHALTEN DER SAMURAI

Fragt man nach, was für einen Samurai verboten zu sein habe, so muss es lauten: »Übermäßiger Alkoholgenuss, Hochmut und Luxus. In unglücklichen Zeiten gibt es keinen Anlass zur Sorge, doch in einigermaßen günstigen Zeiten können diese drei Dinge gefährlich werden. Betrachtet man die Menschen, so findet man schwerlich Hochmut und Luxus bei einem, der eifrig bemüht ist. Aus diesem Grund ist es durchaus gut, wenn ein Mensch in jungen Jahren Kümmernis erfährt, weil der Mensch ohne die Erfahrung der Bitterkeit nicht gefestigt wird. Ein Mensch, der in schweren Zeiten durch die Schwierigkeiten erschöpft wird, ist ohne Nutzen.«

Dereinst sagte jemand: »Ich sprach zu jemandem, dass er ein aufbrausendes Wesen besitze, und das sagte ich ihm direkt ins Gesicht.« Dies war eine ungewöhnliche Aussage, allein um als ungehobelter Kerl bekannt zu werden. Doch so etwas ist eine niedrige Gesinnung und zeigte nur seine Unreife. Ein Samurai muss zuerst sein Verhalten korrigieren, um anerkannt zu werden. Auf diese Weise vor anderen zu sprechen zeigt ein ungeschliffenes Verhalten wie unter niedrigen Speerträgern.

~

Ein Krieger mit nur geringem Ruhm und Vermögen, der zu einem nutzlosen Menschen geworden und andere schmäht, ist arrogant und wertlos, er ist niedriger als ein Mann mit Ruhm und Vermögen. Solche Männer sind nicht zu gebrauchen.

~

Der Fall Ueno Rihei und der Diener

Als Rihei in Edo als Buchhaltungsaufseher weilte, begab er sich zusammen mit dem Aufseher der Fußsoldaten, Hashimoto Taemon, zu einem Trinkgelage, bei dem er sich so betrank, dass er den Anstand verlor. Zu dieser Zeit gab es einen jungen Assistenten, mit dem er sehr vertraut war. In Begleitung des zuvor genannten Mannes kehrte er in sein Quartier zurück, wobei er auf dem Wege dorthin unsinniges Zeug sprach. Vor seinem Quartier sprach er, dass er den Assistenten niederhauen wolle, doch dieser drehte die Spitze der Schwertscheide um, Rihei und er rangelten, wobei Rihei in die Gosse fiel, der Assistent über ihn. Zu dem Zeitpunkt kam der Diener Riheis angerannt, und als er fragte: »Ist Herr Rihei oben oder unten?«, und die Antwort lautete, Rihei sei unten, stach er einmal auf den Assistenten ein, der sich erhob und, da er nur leicht verletzt war, weglaufen konnte. Als diese Sache ruchbar wurde, kam Rihei in das Gefängnis von Naekiyama und wurde zum Tod durch Enthaupten verurteilt. Rihei hatte zuvor im Kaufmannsviertel in Edo gelebt, wo er bereits einen Diener, der sich im widersetzt hatte, niedergeschlagen hatte. Letztendlich war dieses Mal die ganze Sache absurd. Das Schwert in betrunkenem Zustand zu ziehen zeigt den Schwächling. Der Diener war ein Mann aus Taku. Es heißt, Taemon beging während der Untersuchung Selbstmord.

~

Der Streit des Fußsoldaten Araki Kyūzaemon

Am Abend des 13. Tages des 9. Monats feierten im Haus des Fußsoldaten Nakayama Mosuke in Sayanomoto zehn Nō-Schauspieler die Mondschau. Zuerst begann Naozuka Kanzaemon Araki Kyūzaemon wegen seiner kleinen Gestalt zu hänseln, und schließlich folgten die anderen. Araki wurde wütend, tötete Kanzaemon und schlug danach auf die Übrigen ein. Matsumoto Rokuzaemon, obwohl er nur eine Hand hatte, packte Araki, als dieser im Garten war, von hinten mit einer Hand und sagte, dass er mit einer Hand einem Typen wie ihm den Hals umdrehen würde. Er entriss ihm das Schwert, zwang ihn auf der Türschwelle in die Knie, doch als er ihn am Genick packte, wurde ihm übel, und er konnte deshalb von Araki überwältigt werden. Araki sprang daraufhin zurück und schlug auf die Umstehenden ein, bis ihn der Speer des Hayata (der spätere Jirōzaemon) traf. Mehrere Männer packten ihn schließlich. Araki wurde zur Selbstentleibung verurteilt, die Übrigen wurden zu Rōnin. Später wurde Hayata begnadigt.

Da die Details nicht vollständig bekannt sind, möge man sich erkundigen.

~

Am 14. Tag des 7. Monats des Jahres 1713 waren einige Köche mit den Vorbereitungen für das Allerseelenfest in der Küche im zweiten Burgring beschäftigt, als Hara Jūrōzaemon sein Schwert zückte und Sagara Gentaizaemon den Kopf abschlug. Matawari Roku'uemon, Aiura Tarōbei, Koga Kinpei und Kakihara Riemon flohen entsetzt davon. Als Jūrōzaemon Kinpei erspähte, verfolgte er ihn, doch Kinpei floh zu dem Platz, wo sich die Fußsoldaten versammeln. Dort stand Tanaka Take'uemon, der Aufseher für die fürstliche Sänfte, stellte sich gegen Jūrōzaemon und nahm ihm das blanke Schwert weg. Ishimaru San'uemon packte Jūrōzaemon und brachte ihn zum Sammelplatz der Fußsoldaten, wo er ihn an Take'uemon übergab. Am 25. Tag des 11. Monats des darauf folgenden Jahres wurde er hingerichtet. Man hatte ihn gefesselt und getötet. Roku'uemon, Tarōbei, Kinpei, Riemon wurden verbannt, San'uemon in den Ruhestand geschickt. Take'uemon wurde mit drei Silberstücken belohnt. Später erzählte man, dass Take'uemon den Mann damals nicht festgehalten hatte.

~

Zusammentreffen mit einem Rōnin

Als sich Rokurōzaemon in Höhe von Hamamatsu auf der Tōkaidō befand und gerade an einer Herberge vorbeikam, ging ein Bettler auf seine Sänfte zu und sprach: »Ich bin ein Rōnin aus Echigo. Mein Reisegeld ist knapp, und ich befinde mich deshalb in Schwierigkeiten. Da wir doch beide Samurai sind, bitte ich Euch, mich zu unterstützen.« Rokurōzaemon wurde ärgerlich und entgegnete: »Wie könnt Ihr es wagen zu sagen, wir wären beide Samurai. Das ist eine Unverschämtheit. Ich an Eurer Stelle würde mich sofort selbst entleiben! Anstatt sich der Schande auszusetzen, kein Reisegeld mehr zu haben, würde ich mich auf der Stelle entleiben!« Sprach's, und der Bettler ging fort.

TREUE, SELBST ÜBER DEN TOD HINAUS

Oishi Kosuke

Zur Zeit des Fürsten Mitsushige begann Oishi Kosuke seinen Dienst als Fußsoldat und als Botengänger des Fürsten. Jedes Mal, wenn der Fürst auf dem Weg in die Residenz in Edo war, umrundete er die Gemächer seines Herrn in den Herbergen, und wenn er dachte, dass ein Ort unsicher sei, breitete er seine Strohmatte aus und verbrachte dort wachend die Nacht. Bei Regenwetter trug er einen Regenhut und Mantel, geduldig im Regen wartend. Nicht eine Nacht war er auch nur im Geringsten nachlässig.

~

Als der nämliche Oishi als *Uchitonin* in Diensten stand, bemerkte er, wie eine verdächtige Person zu später Nachtzeit in Richtung der Dienstmädchenkammern huschte. Als man den Eindringling fassen wollte, entstand ein Tumult, und die Zofen und Bediensteten aller Ränge rannten wild hin und her. Nur Oishi war nirgends zu sehen. Während die älteren Hofdamen gesucht hatten, hatte Oishi sein Schwert gezogen und schweigend im Zimmer neben dem Fürsten ausgeharrt. Da niemand wegen des Tumultes dem Fürsten zur Seite stand und ihn beschützte, hatte er instinktiv gewusst, dass der Fürst des Schutzes bedurfte. Er war eben in seiner Art völlig anders.

Der Mann, der sich heimlich eingeschlichen hatte, war Naritomi Kichibei. Hamada Ichizaemon war sein Komplize. Beide wurden wegen verbotenen Geschlechtsverkehrs zum Tode verurteilt.

~

Der Fall Soejima Zennojo

Als dereinst Fürst Katsushige in Nishime auf die Jagd ging, erregte irgendetwas seinen Zorn. Er zog sein Schwert, das er auf der Seite trug, und schlug mit der Scheide auf Zennojo ein. Doch das Schwert löste sich und fiel in eine Schlucht. Zennojo kletterte in die Schlucht hinab und holte das Schwert. Er steckte es ins Revers und kletterte den Abhang hinauf und bot es so dem Fürsten dar. Es gab keinen, der sich mit der Einsatzbereitschaft und der Umsicht Zennojos messen konnte.

~

Im 5. Kapitel, Abschnitt 12, des Ryōankyō heißt es, dass ein gewisser Mann aus Taku in der Provinz Bizen trotz seiner Pockenerkrankung in die Schlacht von Shimabara stürzen wollte. Doch seine Eltern sagten zu ihm, wie er mit einer so schweren Krankheit von Nutzen sein könne, und forderten ihn zum Bleiben auf. »Es wäre für mich eine Befriedigung, auf dem Weg dorthin sterben zu können. Wie könnte ich behaupten, jetzt ohne Nutzen zu sein, nachdem ich die warmherzige Güte meines Herrn erfahren habe?«, sprach er und zog in die Schlacht. Obgleich die Schlacht im Winter stattfand und es unerträglich kalt war, zog er keine warme Kleidung an, achtete nicht auf seine Gesundheit, sondern nur mit einer Rüstung bekleidet harrte er Tag und Nacht und kümmerte sich nicht um Reinlichkeit. Schließlich fand er rasch zu seiner alten Form zurück und konnte in dieser Schlacht seine Loyalität voll und ganz unter Beweis stellen. Man kann nicht behaupten, dass zur damaligen Zeit Reinlichkeit nicht geachtet wurde. Als der Lehrer Suzuki Shōsan dies hörte, sprach er: »Für den Herrn das eigene Leben aufzugeben, ist das nicht ein Akt der Reinheit? Für einen Mann, der für die Aufrichtigkeit die eigene Existenz verleugnet, braucht der Pockengott nicht angerufen zu werden, er wird vom Himmel und allen Göttern beschützt.«

Der Fall Kizuka Kyūzaemon

Letztes Jahr pilgerten fünf oder sechs Männer aus Konyamachi und Tashiro zu einem Tempel. Auf dem Weg dorthin kehrten sie ein und vertrieben sich die Zeit mit Trinken. Unter ihnen befand sich Kyūzaemons Gefolgsmann, der rasch nach Hause zurückkehren wollte, sich seinen Kameraden nicht anschloss, sondern noch am gleichen Tage umkehrte. Die anderen gerieten mit einigen Männern in Streit, töteten sie und kehrten nach Hause zurück. Der Gefolgsmann Kyūzaemons hörte noch in dieser Nacht davon und ging rasch zu seinen Kameraden, und nachdem er über den Vorfall unterrichtet worden war, sprach er: »Ihr werdet sofort die Sache bekannt geben müssen. Ihr müsst sagen, dass ich auch dort war und mit Euch zusammen die Männer getötet habe. Ich werde zu Kyūzaemon das Gleiche sagen. Da nun mal alle in einen Streit verwickelt sind, betrifft es mich genauso. Das ist meine Überzeugung. Denn selbst wenn ich Kyūzaemon sagte, dass ich bereits früher nach Hause zurückgekehrt war, wird er mir nicht glauben. Und da Kyūzaemon ein strenger Mann ist, würde ich in seinen Augen als Feigling dastehen, wenn ich auch unschuldig bin, und er würde mich erschlagen. Es wäre außerordentlich bedauerlich, mit dem schlechten Ruf zu sterben, davongelaufen zu sein. Da ich so oder so sterben werde, möchte ich wenigstens in dem Bewusstsein sterben, jemanden getötet zu haben. Falls Ihr dies nicht versteht, werde ich mich auf der Stelle entleiben.« Seinen Kameraden blieb nichts anderes übrig, als zuzustimmen. Im Verlaufe der Untersuchung wurde bekannt, dass dieser Mann bereits früher zurückgekehrt war, obgleich er vor Gericht das Gleiche aussagte wie bei seinen Kameraden. Jeder war von seiner Haltung beeindruckt und lobte ihn.

»Diese Geschichte wurde mir nur in Zusammenfassung berichtet, den Details muss ich noch nachgehen«, sprach Ushijima Shingo.

~

Die Gefolgsleute von Takeda Shingen zeichneten sich samt und sonders durch besonderen Mut aus. Dennoch flohen sie alle, als Katsuyori in der Schlacht am Temmoku-Berg getötet wurde. Tsuchiya, der jahrelang in Ungnade gelebt hatte, trat als Einziger vor. »Wo sind all die Männer, die jeden Tag so großspurig daherredeten?«, sprach er. »Ich werde das Wohlwollen meines Herrn vergelten«, und er kämpfte allein in der Schlacht und fiel.

~

Nabeshima Aki war zwar gerade mitten in einer Mahlzeit, doch weil ein Gast ihn eilends besuchen kam, ließ er sein Essen stehen. Später kam ein Gefolgsmann und setzte sich vor Akis Tischchen, und gerade als er den gebratenen Fisch verspeiste, kam sein Herr Aki zurück und sah ihn. Der Gefolgsmann sprang auf und rannte davon. Aki rief ihm hinterher: »Wer anderer Leute Essen verschlingt, ist ein erbärmlicher Sklave!« Dann setzte er sich wieder vor das Tischchen und aß ungerührt weiter. Dies hatte Jin'uemon erzählt. Der vorgenannte Gefolgsmann soll später seinem Herrn in den Tod gefolgt sein.

HINRICHTUNGEN UND SELBSTENTLEIBUNG[18]

Der Fall von Hinrichtungsplätzen

Orte, an denen die Leute ein und aus gehen, sind nutzlos. Die Hinrichtungen in Edo und Kyōto in Japan sind solche Beispiele. Die Hinrichtungen einer Provinz sind gleichzeitig ein Beispiel für die Verfehlungen in einer Provinz, und wenn sehr viele Straf-

18. Bekannt als »harakiri« im Westen, in Japan aber unter »seppuku«. Dabei wird der Bauch kreuzweise aufgeschlitzt. Wenn der Schmerz nicht mehr zu ertragen ist, zückt der Sekundant sein Schwert und enthauptet den Delinquenten. Der Sekundant wird im Japanischen als »kaishaku« bezeichnet. In der späteren Zeit trat er in Aktion, sobald der Delinquent den Dolch auf sich richtete.
Wer in einem Verfahren für schuldig befunden wurde, entleibte sich nicht selbst, sondern wurde mit gebundenen Händen zum Richtplatz geführt und enthauptet.

taten geahndet werden, gereicht das der Provinz zur Schande. Was denken dann die anderen? Ein Verbrecher weiß im Verlaufe einer Verhandlung nicht mehr, warum er etwas getan hat, deshalb empfiehlt es sich, kurzen Prozess zu machen und ihn sofort hinzurichten.

~

Wer als Kaishaku ein Langschwert benutzt, sollte den rechten Fuß 1 Fuß und 45 Zoll vom Knienden entfernt aufstellen. Bei einem Kurzschwert ist es nur 1 Fuß. Er steht auf einer Linie mit dem Knienden. Die Richtungsänderung der Klinge ist zu berücksichtigen, damit man geschickt zuschlagen kann.

~

Der Fall Horie Sanuemon und der Diebstahl im Lager in Edo

Sanuemon hatte aus dem Lager in Edo Geld gestohlen und sich dann aus dem Staub gemacht. Als er gefasst wurde, gestand er, woraufhin verlautbart wurde, dass er wegen der Schwere des Verbrechens gefoltert und hingerichtet werden sollte. Nakano Daigaku war der Beamte, der die Hinrichtung vollziehen sollte. Zuerst wurde er verschiedenen Folterungen unterworfen. Die Körperhaare wurden abgesengt, dann die Nägel ausgerissen, die Sehnen durchgeschnitten und der Körper durchbohrt. Trotz dieser Pein rührte er sich nicht im Geringsten. Nicht einmal seine Gesichtsfarbe wechselte. Zum Schluss wurde ihm das Rückgrat gebrochen, dann kochte man ihn in Sojasauce, und sein Körper wurde in zwei Stücke gebrochen.

~

Hinrichtungen als Übung

Als Fürst Katsushige noch jung war, ordnete Fürst Naoshige an, dass er sich darin üben sollte, zum Tode verurteilte Männer hinzurichten. Innerhalb des Westtores waren zehn Männer aufgereiht, die er mühelos bis zum neunten Mann nacheinander enthauptete. Als er jedoch beim zehnten angekommen war, sah er, dass dieser noch jung war. »Für heute habe ich genug vom Töten, dieser Mann soll verschont bleiben«, sprach er. Daraufhin wurde der Mann verschont. *Berichtet von Suke'uemon*

~

Yamamoto Kichizaemon wurde im Alter von fünf Jahren von seinem Vater Jin'uemon angewiesen, einen Hund zu erschlagen, und im Alter von fünfzehn Jahren einen Kriminellen. Früher musste jeder im Alter von vierzehn oder fünfzehn Jahren, ob er wollte oder nicht, eine Enthauptung durchführen. Fürst Katsushige wurde in seiner Jugend von Fürst Naoshige angewiesen, die Enthauptung zu üben. Alsbald war er in der Lage, spielerisch leicht zehn Männer hintereinander zu enthaupten. In früherer Zeit mussten sich auch die Angehörigen der Oberschicht in dieser Disziplin üben, während heute nicht einmal die Kinder der unteren Schichten in der Lage sind zu enthaupten, was eine grobe Nachlässigkeit ist. Als Argument wird angeführt, dass die Enthauptung eines zum Tode Verurteilten unehrenhaft oder sündig sei und dass dies einen selbst besudele, was nichts weiter als eine Ausrede ist. Doch liegt es nicht vielmehr daran, dass man heute unter einem Krieger einen Mann versteht, der seine Nägel schneidet und auf sein Äußeres achtet? Geht man den Beweggründen eines Menschen nach, der die Enthauptung als unangenehm ablehnt, wird man erkennen, dass sich diese Person für gescheit hält und nicht über Enthauptungen spricht, weil ihr diese zuwider sind. Doch weil Enthauptungen nun einmal ausgeführt werden müssen, gab Fürst Naoshige diese Anweisung. Als ich letztes Jahr nach Kase ging, um mich in der Enthauptung zu versuchen, verlieh mir das ein großartiges Gefühl. Wem dies zuwider ist, ist einfach nur ein Feigling.

~

Am achten Tag des siebten Monats des Jahres 1595 diffamierte Ishida Tōjo Hidetsugu, der daraufhin in das Kloster auf dem Kōyasan eintrat und Mönch unter dem Namen Dōi wurde. Am fünfzehnten Tag des gleichen Monats hatte er Selbstmord zu begehen, er war einunddreißig Jahre alt. Die Gesandten des Shōgun waren Fukushima Zaemon Tayu, Fukuhara Sabanosuke und Ikeda Iyo-no-kami. Die gesamte Streitmacht betrug mehr als zehntausend Reiter. Die Knappen Yamamoto (19 Jahre), Oka Sanjūrō (gleichaltrig) und Fuwa Mansaka (17 Jahre) mussten sich zuerst entleiben. Sasabe Tanro-no-kami, der Kaishaku Hidetsugus, folgte diesem in den Tod. Einer nach dem anderen folgte Hidetsugu in den Tod. Am 20. Tag wurden in Sanjō Kawahara seine Kinder und seine Frauen hingerichtet. Es waren insgesamt vierunddreißig Personen.

Am 18. Tag des achten Monats des Jahres 1598 verstarb der Taikō im Alter von dreiundsechzig Jahren. Er wurde in Higashiyama beigesetzt und erhielt den posthumen Namen Toyokuni Daimyō no kami.

Die Antwort des Kaishaku Uchida Shōuemon

Auf der Innenveranda des Hauptturms der Burg, wo sich einige Männer um Shōuemon scharten, sprach zu diesem ein Mann: »Eure Unterweisung im Schwertkampf muss wahrhaftig eine ziemlich raue sein, Eurem Lebenswandel nach zu schließen. Wenn man Euch bäte, Kaishaku zu sein, dann würdet Ihr wahrscheinlich nur den Scheitel treffen.« »Keineswegs«, entgegnete Shōuemon, »zeichnet mit ein wenig Tusche die Stelle an Eurem Genick vor, und ich werde nicht einen Millimeter daneben treffen.«

~

Makiguchi Yohei als Kaishaku

Yohei hatte in seinem Leben vielen Männern als Kaishaku gedient. Als sich ein gewisser Kanahara selbst entleiben sollte, war Yohei damit einverstanden, dessen Kaishaku zu sein. Nachdem sich Kanahara das Schwert in den Bauch gestoßen hatte, war er nicht in der Lage, es umzudrehen. Yohei näherte sich ihm von der Seite, schrie »He« und stampfte mit dem Fuß auf. Im Nu konnte Kanahara das Schwert durch seinen Leib ziehen. Nachdem Yohei seine Pflicht als Kaishaku vollzogen hatte, vergoss er Tränen und sagte: »Er war einmal ein enger Freund von mir.« *Eine Erzählung von Herrn Sukeuemon*

~

Bei der Enthauptung bleibt ein Stückchen Haut übrig

Als sich einmal eine gewisse Person selbst zu entleiben hatte, hing der Kopf noch an einem Stück Haut, nachdem der Kaishaku den Kopf abgeschlagen hatte. »Da hängt noch etwas«, sagte der Richter. Der Kaishaku wurde ärgerlich, schnitt den Kopf vollends ab, hob ihn hoch und sagte: »Seht selbst.« Dies war unerfreulich. *Eine Erzählung von Herrn Sukeuemon*

~

In den Untersuchungen früherer Zeiten gab es Fälle, in denen das Haupt davonsprang. Damit der Kopf nicht in Richtung der anwesenden Richter sprang, war es besser, ein Stück Haut stehen zu lassen. Jedoch ist es heute angebrachter, den Kopf vollständig vom Rumpf zu trennen. Ein Mann, der bereits fünfzig Enthauptungen vollzogen hatte, sagte: »Es hängt vom Kopf ab, welche Reaktion der Rumpf zeigt. Nur bei den ersten drei Enthauptungen gibt es keine Wirkung, und man ist der Meinung, gut abgeschlagen zu haben. Bei der vierten und fünften Enthauptung merkt man eine geringe Wirkung. Da dies auf jeden Fall wichtig ist, muss man stets darauf konzentriert sein, dass der Kopf zu Boden fällt. Wenn man diese Einstellung hat, kann nichts schief gehen.«

Mori Monbei gibt seinem Sohn den Gnadenstoß

Einer der leiblichen Söhne des Monbei geriet in eine Auseinandersetzung und kam verwundet nach Hause. Als er gefragt wurde, was er mit seinem Gegner gemacht habe, antwortete der Sohn, dass er diesen getötet habe. Monbei fragte weiter: »Hast du ihm den Gnadenstoß gegeben?« »Selbstverständlich habe ich das getan«, antwortete der Sohn. Daraufhin sprach Monbei: »Weil du deine Sache richtig gemacht hast, bleibt nichts weiter zu tun übrig. Selbst wenn du fliehen würdest, entgehst du doch nicht der Selbstentleibung. Wenn du dich gefasst hast und deinen Leib aufschneidest, sollte am besten dein Vater dir als Kaishaku dienen als irgendjemand sonst.« Daraufhin fungierte Monbei für den Sohn als Kaishaku.

Die Aussage Noda Kizaemons über die Aufgabe eines Kaishaku

Wenn ein zum Tode Verurteilter wie von Sinnen ist und herumkriecht, kann dies den Einsatz des Kaishaku behindern. In einem solchen Fall muss der Kaishaku zuerst innehalten, sich konzentrieren und dann blitzschnell im geeigneten Augenblick zuschlagen. Dann hat er seine Aufgabe erfüllt.

Der Sinn der Etikette liegt darin, am Anfang und Ende schnell zu sein, in der Mitte aber bedacht. Als Mitani Chizaemon das vernahm, meinte er, dass dies einem Kaishaku gleichkäme.

Der Fall Aiura Genzaemon

Da einer aus Genzaemons Gruppe sich unverschämt aufgeführt hatte, bekam er eine kurze Mitteilung mit seinem Todesurteil. Ein anderer aus der Gruppe Genzaemons hatte diese Mitteilung zu überbringen, die zu Genzaemon gelangte, der sie las und zu dem Manne sprach: »Es heißt hierin, dass ich Euch zu töten habe. Ich werde Euch auf dem Ostdeich erledigen. Da Ihr zugleich im Schwertkampf geschickt seid, kämpft, so gut Ihr könnt.« »Ich bin bereit«, sagte der Mann und ging nur in Begleitung Genzaemons hinaus. Als sie sich auf zehn Meter dem Ende des Grabens genähert hatten, rief von der anderen Seite des Grabens ein Gefolgsmann Genzaemon etwas zu. Als sich Genzaemon daraufhin umdrehte, attackierte ihn der Mann mit dem Schwert. Genzaemon parierte und schlug den Mann nieder, versetzte ihm den Gnadenstoß und ging nach Hause. Das Gewand, das er getragen hatte, bewahrte er anschließend in einer Kiste auf. Während seines Lebens ließ er niemand das Gewand sehen. Als man es nach seinem Tode fand, stellte man fest, dass es am Kragen zerschnitten war. Diese Geschichte hatte der Sohn Genzaemons erzählt.

DUMMHEIT UND EITELKEIT

Der Tod des Shugō von Echizen in der Schlacht

Es heißt, dass der Shugō von Echizen in der Schlacht von Shimabara den Tod fand, weil er nur mit Hakama und Haori bekleidet in die Schlacht gezogen war. Seine Rüstung befand sich noch im Lager.

~

Der Fall Tazaki Geki und seine Rüstung

Bei der Schlacht von Shimabara trug Geki eine strahlende Rüstung zur Schau, worüber Fürst Katsushige wenig erfreut war. Wenn er später etwas

Strahlendes erblickte, pflegte er zu sagen: »Wie die Rüstung von Geki.«

Diese Geschichte lehrt uns, dass eine auffallende Rüstung oder Kleidung ein Zeichen der Schwäche sind – und nicht der Stärke.

KRIEGSTAKTIKEN

Im Kōyō gunkan[19] heißt es: »Als ich dem Feind gegenüberstand, hatte ich das Gefühl, als würde ich in die Dunkelheit gehen. Aus diesem Grunde trug ich schwere Verletzungen davon. Ihr dagegen habt mit vielen berühmten Männern gekämpft, ohne verwundet zu werden. Wie kommt das?« Der andere antwortete: »Wenn ich dem Feind gegenüberstehe, ist es natürlich wie in finsterer Nacht. Wenn ich jedoch nur ein wenig mein Herz zur Ruhe bringe, ist es, als würde der Mond schwach scheinen. Wenn ich dann losschlage, fühle ich, dass ich nicht verwundet werde.« Das muss der Augenblick der Wahrheit sein.

Die Antwort stammt von Baba Minō-no-kami.

19. Aufzeichnung der Schlachten und militärischen Taktiken der Takeda-Familie in Kai.

~

Wer auf dem Schlachtfeld einen Gegner schlägt, ist wie ein Falke, der einen kleinen Vogel erlegt. Das sagten schon die Alten. Obwohl er sich unter Tausenden von Vögeln befindet, lässt er den einen, den er ausfindig gemacht hat, nicht mehr aus den Augen. Der Haarschopf auf dem Kopf eines Gegners ist der Kopf, den man für sich ausgemacht hat, indem man sich sagt, den Krieger mit der und der Rüstung will ich im Kampf erledigen.

~

Irgendjemand hatte einmal gesagt, dass niemand, selbst unter Aufbietung aller Kräfte, eine Burg, die kurz vor der Übernahme steht, wirklich einnehmen kann, wenn sich darin ein oder zwei Männer befinden, die sich entschlossen haben, niemals aufzugeben. Wenn diejenigen, die die Burg um jeden Preis halten wollen, sehen, dass sich die Soldaten der Burg nähern, werden sie im Schutz der Burg ein paar Pfeile abschießen und aus ein paar Musketen feuern, woraufhin die anrückenden Truppen anfangen zu lärmen und ihrerseits Pfeile abschießen. In einem solchen Falle muss die Burg erstürmt werden, auch wenn man sie nicht erstürmen wollte.

~

Die militärische Taktik Fürst Naoshiges bestand darin, so die Worte Uchida Ya'emons, dass keiner seiner Gefolgsleute darüber nachdachte, was unmittelbar bevorstand, dass aber mit einem einzigen Wort alles erklärt und somit eine einzige Einheit war. Als die Zeit seines Ablebens bereits gekommen war, warteten all seine alten Gefolgsleute vergebens auf ein Wort von ihm.

~

Als der Taikō Hideyoshi nach Satsuma eindrang, stürmte die Vorhut unter Ryūzōji, ohne sich um militärische Regeln zu scheren, ungeordnet voran, weshalb ihm aufgetragen wurde, seine Reihen in Ordnung zu bringen. Der Taikō sagte dazu: »Ohne sich um die Regeln zu kümmern, aber den Feind zu besiegen, das sind militärische Regeln. Ryūzōji entspringt Kyūshū, und er kennt diesen Weg, man braucht sich nicht zu schämen, wenn man mit einer Sache vertraut ist.«

~

Die Quintessenz in den Aufzeichnungen »Kriegstaktiken« ergibt sich aus dem Satz »erst siegen, dann kämpfen«, d. h., es sind die zwei Worte »erst siegen«.

In Zeiten, in denen das Land wohl geordnet ist, sollte man sich militärisch bereits auf Unruhen vorbereiten, denn mit fünfzigtausend Verbündeten kann man einen Feind mit einhunderttausend Mann besiegen. (mündliche Überlieferung) – Wenn man gegen eine feindliche Burg stürmen will, sollte man nicht den Hauptweg benutzen, sondern von der Seite her kommen. (mündliche Überlieferung) – Man sollte die Toten und Verwundeten seiner Verbündeten mit dem Kopf Richtung Feind legen. (mündliche Überlieferung) – Bei einem Vorstoß in die feindlichen Reihen sollte man sich im Schatten von Bäumen oder von einem Erdwall oder einer Brücke aus einen guten Überblick verschaffen und die Nachhut bilden. Wenn sich die Verbündeten zurückziehen und an dem unter den Bäumen versteckten Mann vorbeiziehen, kann man die Nachhut bilden. Den nachrückenden Kräften ruft man zu: »Wer die Nachhut bilden will, bleibt hier.« Ein echter Krieger sollte beim Beginn des Kampfes an der vordersten Front kämpfen und beim Rückzug der Letzte sein. Wenn er zu kämpfen beginnt, vergisst er nicht, den richtigen Augenblick abzuwarten, und beim Warten vergisst er nicht den richtigen Augenblick für den Beginn des Kampfes.

~

Als Fürst Tsunashige noch jung war, wurde er Schüler von Hōjō Afusa-no-kami, der ihn im Militärwesen unterrichtete. Der Assistenzlehrer war Fukushima Denbei. Fürst Mitsushige meinte dazu, dass es nutzlos sei, die Militärtaktiken anderer Familien zu erlernen, weshalb nur die der eigenen Familie zählten, und ließ den Unterricht beenden. Ferner entließ er Hirose Denzaemon und unterrichtete selbst jeden Morgen Fürst Tsunashige.

~

Die Ansicht des Fürsten Nabeshima Aki

Fürst Shima hatte einen Boten zu Fürst Aki mit der folgenden Nachricht gesandt: »Ich möchte auf Pilgerreise zum Atago-Schrein in Kyōto gehen.« »Zu welchem Zwecke?«, lautete die Frage des Fürsten Aki. Als Antwort erhielt er: »Da in Atago der Gott der Bogenschützen verehrt wird, möchte ich dort um Kriegsglück beten.« Fürst Aki wurde ärgerlich: »Wozu soll das gut sein? Warum sollte sich die Front von Nabeshima auf Atago verlassen? Sollte die Inkarnation von Atago auf der Seite der anderen stehen, denke ich, dass unsere Linien doch in der Lage sind, sie mitten entzweizuschlagen.«

Fürst Aki gibt die Kriegstaktiken nicht an seine Söhne und Enkel weiter

»Wenn man sich dem Kampfplatz nähert und das Nachdenken einsetzt, kann nichts dieses Nachdenken mehr aufhalten. Wer nachdenkt, wird nicht einfach auf den Feind losstürmen, doch ohne nachzudenken zu handeln ist das Wichtigste, wenn man dem Feind gegenübersteht. Wer zu viel über militärische Taktiken weiß, fängt an zu zweifeln, und je mehr er zweifelt, desto weniger weiß er. Meine Nachkommen dürfen in den militärischen Taktiken nicht unterwiesen werden«, sprach der Fürst.

~

Wie man erkennt, ob eine feindliche Burg stark oder schwach ist

»Rauch und Nebel sehen aus wie Berge im Frühling oder wie ein klarer Himmel nach dem Regen«, so heißt es. Die Schwäche liegt in der perfekten Klarheit.

~

Nakano Jin'uemon sagte, dass es nutzlos sei, militärische Taktiken zu erlernen. Wer nicht mit geschlossenen Augen ohne zu zögern zuschlägt, ist für den Dienst nicht geeignet. Das Gleiche sagte Iyanaga Sasuke.

EHRE UND RACHE

Der Priester Denko vom Ryūun-Tempel erschlägt den Feind

Denko war ursprünglich ein Mann aus Taku. Er und sein älterer Bruder Jirōbei sowie sein jüngerer Bruder und die Mutter lebten alleine. Im neunten Monat nahm die Mutter den Sohn Jirōbeis zu einer buddhistischen Messe mit. Als sie nach Hause gehen wollten, trat der Sohn Jirōbeis beim Anziehen seiner Strohsandalen dem neben ihm stehenden Mann auf den Fuß. Dieser erzürnte sich, und schließlich entstand Streit, der Mann zog sein Kurzschwert und tötete auf der Stelle das Kind. Die Großmutter war wie vom Blitz getroffen, sie klammerte sich an den Mann, woraufhin er sie ebenfalls erschlug. Danach kehrte der Mann nach Hause zurück. Der Mann war Gorō'uemon, der Sohn des Rōnin Nakajima Moan. Sein jüngerer Bruder war der Bergasket Chūzō. Moan war Berater des Fürsten Mimasaka, und Gorō'uemon bezog beim Fürsten Gehalt. Als der Vorfall im Hause Jirōbeis bekannt wurde, begab sich der jüngere Bruder zum Haus des Gorō'uemon, wo er die Tür von innen verschlossen vorfand. Er sprach in der Art eines Gastes, und als die Tür geöffnet wurde, rief er seinen Namen und kreuzte die Klingen. Beide Männer stürzten in einen Abfallhaufen, doch letztendlich wurde Gorō'uemon getötet. Dann jedoch kam der Mönch Chūzō eilends herbeigelaufen und streckte den jüngeren Bruder Jirōbeis nieder. Als Denko hörte, was seinen Brüdern widerfahren war, begab er sich sofort zu Jirōbei und sprach: »Unser Gegner war nur einer, wir aber haben drei Menschen zu beklagen, das ist wirklich sehr bedauerlich. Chūzō sollte genauso getötet werden«, ermahnte er Jirōbei, doch dieser war anderer Meinung. Denko befand die ganze Sache als bedauerlich, und obgleich er Buddhist war, wollte er den Tod der Mutter, des jüngeren Bruders und seines Neffen nicht ungesühnt lassen. Er wusste, dass er als einfacher Mönch gegen den Fürsten Mimasaka nichts ausrichten konnte. Er arbeitete hart und stieg zum Abt des Ryūunji auf. Dann begab er sich zu Meister Iyo und ließ sich ein Paar Schwerter schmieden. Er bat diesen, sein Schüler werden zu dürfen, und konnte auf diese Weise an den Schwertern mitarbeiten. Im darauf folgenden Jahr war es am 23. Tag des 9. Monats so weit. Zufälligerweise war an diesem Tag ein Gast gekommen. Während des Essens stahl sich Denko, gekleidet als Laie, heimlich aus dem Mönchsquartier und machte sich auf den Weg nach Taku. Als er nach dem Bergasketen Chūzō fragte, teilte man ihm mit, dass dieser sich bei der Mondschau befinde, wo sich eine Menschenmasse angesammelt hatte, weshalb er nichts ausrichten konnte. Doch er wollte nicht noch mehr Zeit verstreichen lassen und sah seine Befriedigung in der Tötung des Vaters Moan. So begab er sich zur Behausung Moans, drang rasch in diese ein, rief seinen eigenen Namen, und als Moan sich erhob, erschlug er ihn. Als die Nachbarn eilends herbeiliefen, rief Denko wieder seinen Namen, warf die beiden Schwerter fort und kehrte nach Hause zurück. Dieser Vorfall drang bis nach Saga, und einige Männer seiner Gemeinde eilten herbei und begleiteten ihn des Wegs. Obwohl Fürst Mimasaka darüber erzürnt war, erhob er keine Hand gegen Denko, weil dieser der Leiter des Tempels war. Er sandte durch Nabeshima Toneri eine Nachricht an Tannen, den Priester des Kōdenji, mit folgendem Wortlaut: »Wenn ein Mann, der ein Buddhist ist, tötet, soll er mit dem Tode bestraft werden.« Tannens Antwort lautete: »Er wird nach dem Gutdünken der Schule des Kōdenji behandelt. Mischt Euch bitte nicht ein.« Fürst Mimasaka wurde immer zorniger: »Wie soll die Strafe aussehen?«, fragte er nach. Tannen gab zurück: »Obwohl es für Euch keinen Sinn macht, werde ich Euch antworten, weil Ihr darauf besteht. Ein Buddhist, der die Gebote gebrochen hat, wird seiner Robe entkleidet und davongejagt, so ist das Gesetz.« Als Denko im Kōdenji seiner Robe entkleidet und davongejagt werden sollte, kamen seine Novizen mit Schwertern bewaffnet sowie einige Dutzend seiner Gemeindemitglieder, um ihn zu schützen. Sie begleiteten ihn bis Todoroki. Auf dem Wege trafen sie auf einige Jäger, die sie fragten, ob sie aus Taku kämen.

Später lebte Denko in Chikuzen, wo ihn alle aufnahmen und er mit den Samurai in freundschaftlichem Verhältnis stand. Der zuvor genannte Vorfall wurde überall publik, und Denko wurde an jedem Ort aufgenommen.

~

Die Verwundungen des Gefolgsmanns Dōhaku

Dōhaku lebte in Kurotsuchihara. Sein Sohn hieß Gorōbei. Eines Tages, als Gorōbei Reis auf seinen Schultern trug, kam ihm Iwamura Kyūnai, ein Rōnin des Kōjiro Sakyō, entgegen. Wegen eines früheren Ärgers schlug Gorōbei Kyūnai mit seinem Sack Reis, ein

Streit brach los, und Kyūnai wurde geschlagen und in einen Graben gestoßen. Gorōbei kehrte danach nach Hause zurück. Kyūnai stieß Verwünschungen aus und kehrte ebenfalls nach Hause zurück, wo er seinem älteren Bruder Gen'emon von dem Vorfall berichtete. Die beiden Brüder begaben sich zum Hause Gorōbeis, um Rache zu nehmen. Die Tür war einen Spalt geöffnet, und dahinter wartete Gorōbei mit gezogenem Schwert. Gen'emon, nichts ahnend, trat ein, und Gorōbei zog ihm eins über. Schwer verwundet, begab sich Gen'emon nach draußen, gestützt auf sein Schwert. In diesem Moment kam Kyūnai hereingestürzt. Der Schwiegersohn Dōhakus namens Katsuemon saß derweil am anderen Ende des Herdes. Kyūnai schlug auf ihn ein, traf den Aufhänger des Topfes, und eine Gesichtshälfte Katsuemons wurde zur Hälfte abgeschlagen. Dōhaku und seine Frau entwendeten Kyūnai das Schwert. Dieser jedoch entschuldigte sich und sprach: »Ich habe bereits Satisfaktion erhalten. Damit ich meinen Bruder nach Hause begleiten kann, bitte ich Euch, mir mein Schwert zurückzugeben.« Doch kaum hatte er das Schwert wieder in Händen, schlug er Dōhaku einmal in den Rücken und durchtrennte beinahe dessen Genick. Daraufhin kreuzten er und Gorōbei die Klingen, gingen nach draußen und kämpften, bis es keine unverwundete Stelle mehr gab. Schließlich schlug er Gorōbei einen Arm ab. Kyūnai, der schwer verletzt war, schulterte seinen älteren Bruder Gen'emon und machte sich auf den Heimweg. Gen'emon starb noch auf dem Weg. Gorōbei blutete aus mehreren Wunden, und als er um Wasser bat, starb auch er. Die Verwundungen waren zahlreich, und auch Dōhakus Frau waren einige Finger abgeschlagen worden. Dōhakus Halswirbel waren zertrümmert, und da nur noch die Kehle übrig war, hing der Kopf nach vorne. Dōhaku stützte seinen Kopf mit der Hand und suchte den Wundarzt auf. Dieser behandelte ihn folgendermaßen: Zuerst gab er auf den Kiefer eine Harzpaste, dann nahm er ein Band aus Hanf und wickelte es darum, befestigte oben eine Schnur, die er an einem Balken festmachte, und nähte die Wunden zu. Dōhakus Körper wurde in Reis gesteckt, so dass er sich nicht bewegen konnte. Danach heilten die Knochen, und er genas ohne Komplikationen. Dōhaku hatte nicht einmal die Besinnung verloren und verharrte täglich in dieser Haltung, ohne sich zu rühren. Nicht einmal Ginseng nahm er zu sich. Am dritten Tage nahm er ein wenig Stärkungsmittel zu sich, als er wieder Blutungen bekam.

Der vorgenannte Iwamura nahm zusammen mit seinem Vater Kyūbei an einer Aufführung des Daikokumai teil. Es kam zu einem Disput über den Rhythmus und die Tanzweise, in deren Verlauf Kyūemon der Kopf abgeschlagen wurde. Deshalb war Iwamura ein Rōnin.

~

Jemand besudelt seine Ehre, indem er nicht Rache nimmt

Rache zu nehmen heißt, auf der Stelle zuzuschlagen, bis man selbst getötet wird. Daran ist nichts Schändliches. Wer dagegen überlegt, ob er dazu überhaupt in der Lage ist, verpasst den richtigen Zeitpunkt. Wer überlegt, ob der Gegner besonders kräftig ist oder nicht, lässt wertvolle Zeit verstreichen, und das ganze Vorhaben kommt nicht zustande. Selbst wenn man tausend Gegner hat und man entschlossen ist, einen nach dem anderen zu erschlagen, wird man ihm gegenüberstehen, bis die Sache zu Ende geführt ist, und kann so einen Großteil von ihnen erledigen.

~

Wer nicht zuvor alles bedacht hat und deshalb auch nicht entsprechend handeln kann, lädt meist Schande auf sich. Verständnis resultiert aus Zuhören und Verinnerlichen und Lesen von Büchern. Der Weg des Kriegers heißt, selbst wenn man nicht weiß, was der Tag bringen wird, Tag und Nacht auf alles gefasst zu sein und den Dingen auf den Grund zu gehen. Sieg und Niederlage können von den jeweiligen Zeitumständen abhängen. Doch Schande zu vermeiden ist nichts anderes, als in den Tod zu gehen. Selbst wenn man weiß, dass man nichts ausrichten wird, sollte man Rache üben. Dazu bedarf es weder Weisheit noch Geschicklichkeit. Ein tollkühner Bursche denkt nicht über Sieg oder Niederlage nach, er stürzt sich einfach in den Tod. Dadurch erwacht man aus seinen Träumen.

~

Für einen Samurai sind Reichtum und Ehre ein Makel. Solange er in bescheidenen Verhältnissen lebt, ist er frei von Makel. Einst lebte ein kluger Mann, der jedoch von Geburt an in seiner Aufgabe Fehler sah. So war er auf seinem Posten nutzlos. Wer sich von Anfang an nicht bewusst ist, dass es auf der Welt immer Fehler geben wird, hat ein schlechtes Ansehen, und niemand wird einem solchen vertrauen. Wenn kein Vertrauen besteht, wie gut ein solcher Mensch auch sein mag, kann das wahre Ich dieses Menschen nicht erkannt werden. Dies kann als ein Makel betrachtet werden.

~

Der Streit des Matsuda Yohei

Zu der Zeit, als sich Ishii Jinku (der spätere Rizaemon) mit Yohei gut verstand, hatte sich zwischen diesem und Nozoe Jinbei Groll aufgestaut. Yohei teilte Jinbei mit, dass er die Sache ein für alle Mal aus der Welt schaffen wolle und man sich deshalb treffen solle. Zusammen mit Jinku machte er sich auf den Weg, und als sie zur Herberge der Bergasketen in Kihara kamen, zerstörten sie die einzige Brücke, die sich dort befand. Dann sprachen sie über ihren Zwist und diskutierten, bis es keine Unklarheiten mehr gab. »Nun, da es keinen Grund für einen Kampf gibt, lasst uns nach Hause zurückkehren!«, sprachen sie, doch die Brücke war jetzt nicht mehr vorhanden. Und als die beiden Freunde beratschlagten, wie sie am besten den Graben überqueren könnten, näherte sich verstohlen der Mann, den sie hatten herausfordern wollen. Als sie dies bemerkten, meinten sie, dass eine Umkehr unmöglich sei, weshalb ein Kampf besser wäre, als später mit einem schlechten Ruf behaftet zu sein. Das Gefecht zog sich lange hin. Yohei war schwer verwundet und lag hingestreckt in einem Feld. Auch Jinbei war schwer verletzt, das Blut rann ihm in die Augen, so dass er Yohei nicht sehen konnte, und während Yohei am Boden lag, versetzte er ihm einen Schlag. Doch obwohl es Yohei gelungen war, ihn zurückzuhalten, hatte er in der Hand keine Kraft mehr, um ihn endgültig niederzustrecken, und versetzte ihm den Gnadenstoß, indem er das Schwert mit dem Fuß stieß. Freunde waren inzwischen gekommen und brachten Yohei nach Hause. Als er von seinen Verwundungen genesen war, wurde er zur Selbstentleibung verurteilt. Aus diesem Grunde ließ er Jinku zu sich rufen und trank mit ihm zum Abschied die letzte Schale Wein.

~

Die feindliche Schlacht des Ōkubō Kannosuke

Ōkubō Tōemon aus Shioda betrieb einen Weinladen für Nabeshima Kenbutsu. Fürst Ōkura, der leibliche Sohn des Kai no kami, war behindert und an einen Ort namens Minō verbannt. Er versammelte um sich Ringer und liebte Diener. Die Ringer gingen zusammen oft in ein nahe gelegenes Dorf und sorgten dort für Unruhe. Eines Tages kamen sie zu Tōemon, tranken Wein und fingen grundlos an, mit Tōemon zu streiten. Obwohl Tōemon mit einer Naginata auf sie einschlug, wurde er dennoch getötet, weil die Gegner zu zweit waren. Sein Sohn Kannosuke war zu dieser Zeit gerade fünfzehn Jahre alt. Er hielt sich im Jōzaiji zu Studien auf, doch als er von dem Vorfall hörte, kam er eilends angelaufen. Er nahm sein fast ein Meter langes Kurzschwert, verwickelte die beiden Männer in einen Kampf, und obwohl sie zu zweit waren, konnte er sie zur Strecke bringen. Kannosuke selbst trug dreizehn Wunden davon, genas aber vollends. Später nannte er sich Dōkō und es heißt, dass er ein sehr geschickter Masseur war.

~

Eine gewisse Person tötet den Liebhaber seiner Frau

Ein gewisser Mann kam von irgendwoher spätabends nach Hause. Dort fand er einen Mann vor, der sich heimlich in sein Haus geschlichen hatte und es dort mit seiner Frau trieb. Als er dies sah, erschlug er kurzerhand den Mann. Dann durchbrach er eine Wand, stellte einen Sack Reis auf und verbreitete, dass er einen Dieb getötet habe, und die Untersuchung endete ohne weiteren Zwischenfall. Nachdem einige Zeit verstrichen war, trennte er sich von seiner Frau, und damit war die Sache erledigt.

Dies hatte Herr Kanemaru erzählt

Eine gewisse Person tötet die eigene Ehefrau

Als ein gewisser Mann nach Hause zurückkehrte, beging derweilen dessen Frau Ehebruch mit einem Gefolgsmann. Als der Ehemann ins Zimmer trat, entfloh der Liebhaber durch die Küche. Der Ehemann trat ins Schlafgemach, erschlug sofort seine Frau. Dann rief er die Magd und sagte zu ihr: »Da dieser Vorfall für die Kinder eine Schande bedeuten würde, müssen wir vorgeben, meine Frau sei an einer Krankheit verstorben. Hilf mir dabei. Wenn das für dich zu schwierig ist, weil es ein schweres Verbrechen ist, töte ich auch dich.« »Bei meinem Leben werde ich Euch helfen. Wenn ich so tue, als wüsste ich nichts, wird die Sache schon klappen«, antwortete die Magd. Dann räumte sie das Zimmer auf und zog der Leiche das Nachtgewand an. Nachdem zwei-, dreimal ein Bote zum Arzt wegen eines Notfalls geschickt worden war, sandten sie nochmals einen Boten mit der Nachricht, dass jede Hilfe zu spät käme. Schließlich wurde der Onkel der Ehefrau geholt. Es wurde ihm die gleiche Geschichte aufgetischt, nämlich, dass die Frau an einer Krankheit verstorben sei, und der Onkel ließ sich überzeugen. Die ganze Sache wurde als Krankheitsfall zu den Akten gelegt, und niemand wusste, was sich zugetragen hatte. Später wurde der Gefolgsmann, der den Ehebruch begangen hatte, entlassen. Dieser Vorfall hatte sich in Edo zugetragen.

~

Ein gewisser Takagi wird geschlagen, und seine Frau greift ein

Ein gewisser Takagi geriet mit drei Bauern aus der Nachbarschaft in Streit. Er wurde auf dem Feld ordentlich verprügelt und kehrte danach heim. Doch seine Frau sprach zu ihm: »Wisst Ihr nicht, was es heißt zu sterben?« »Ich habe es noch nicht vergessen«, antwortete der Mann. »Jeder Mensch stirbt nur einmal. An Krankheit oder man wird erschlagen, durch Selbstentleibung oder durch Hinrichtung, doch es ist bedauerlich, unehrenhaft zu sterben«, sprach seine Frau abschätzig und ging nach draußen. Dann kam sie zurück, und nachdem sie die beiden Kinder zu Bett gebracht hatte, richtete sie Fackeln her, und da die Nacht bereits hereingebrochen war, zog sie sich um. »Als ich vorhin draußen war, sah ich, wie die drei Männer auf dem Weg zu einer Besprechung waren. Genau der richtige Zeitpunkt. Also los, gehen wir«, sprach sie und ging ihrem Manne voraus, die Fackeln in der Hand, bewaffnet mit Kurzschwertern. Dann stürmten sie in den Raum, in dem sich die Gegner aufhielten, schlugen auf die Männer ein und streckten zwei von ihnen nieder. Der Dritte trug schwere Verwundungen davon. Der Ehemann wurde später zur Selbstentleibung verurteilt.

Dies erzählte Ryōkan

In Edo schlugen sich vier oder fünf Bannerleute die Nacht mit einer Partie Go um die Ohren. Einer von ihnen musste austreten, und noch während er auf dem Abort war, brach ein Streit aus. Ein Mann wurde niedergeschlagen, die Lichter ausgelöscht, und Tumult brach aus. Der Mann kam eilends vom Abort herzugelaufen. »Beruhigt Euch, es ist nichts! Lasst mich die Sache in die Hand nehmen und zündet die Lichter wieder an«, rief er. Als die Lichter wieder entzündet waren und jeder sich beruhigt hatte, hieb er dem Gegner den Kopf ab. »Mein Schicksal als Krieger ist zu Ende, da ich bei dem Streit nicht anwesend war. Würde dies als Feigheit angesehen, müsste ich mich selbst entleiben. Würde man sagen, ich sei auf den Abort geflohen, bliebe mir auch nichts anderes übrig, als mir den Bauch aufzuschlitzen. Deshalb habe ich den Mann niedergeschlagen, denn wenn ich schon sterben muss, ist es besser so als mit Schande.« Als seine Worte dem Shōgun zu Ohren kamen, sprach er sich lobend über den Mann aus.

~

Das Blutvergießen des Tokuhisa

Tokuhisa war ein Mann fremder Abstammung, und er sah ein wenig zerzaust aus. Eines Tages hatte er einen Gast eingeladen und servierte diesem in Essig eingelegte Schmerle. Von da lachten die Leute, wenn sie von Meister Tokuhisas eingelegter Schmerle sprachen. Als er in Diensten stand, erwähnte ein Mann ihm gegenüber die Fischgeschichte, woraufhin Tokuhisa sein Schwert zog und diesen niederschlug. Als der Vorfall untersucht wurde, teilte man dem Fürsten mit, dass er durch Selbstentleibung bestraft werde, da er in der Residenz ein ungebührliches Verhalten gezeigt hatte. Fürst Naoshige kam dies zu Ohren, und er sprach: »Ein Mann, der stillbleibt, wenn man ihn verspottet, ist ein Schwächling. Auch wenn sich dies in der Residenz abgespielt hat, sollte man diese Tatsache berücksichtigen. Wer sich über andere lustig macht, ist selbst ein Dummkopf, und es war seine eigene Schuld, dass er niedergeschlagen wurde.«

Nabeshima Heizaemon und Takase Jibuzaemon

Als Sagara Kyūma aufgefordert wurde, als Karō (älterer Gefolgsmann) zu dienen, sprach er zu Heizaemon: »Wegen irgendwelcher Gründe widerfuhr mir immer mehr Wohlwollen, und nun wurde mir ein höherer Rang angeboten. Ich habe keinen brauchbaren Gefolgsmann, und alles geht durcheinander. Ich bitte Euch, mir von Euren Gefolgsleuten den Jibuzaemon zu überlassen«, bat er. Heizaemon antwortete, als er das vernahm: »Es ist mir eine Freude, dass Ihr Interesse an einem meiner Gefolgsleute gefunden habt. Ich werde es ihm sofort mitteilen.« Als Jibuzaemon diese Worte übermittelt wurden, sagte er, dass er die Antwort Kyūma persönlich geben wolle. Er begab sich zu Kyūma und sprach zu ihm: »Ich schätze mich glücklich, dass Ihr mir die Ehre Eurer Aufmerksamkeit zuteil werden lasst. Aber ein Gefolgsmann hat einen Herrn, den er nicht einfach austauschen kann. Weil Ihr ein Herr hohen Ranges seid und falls ich Euer Gefolgsmann würde, hätte ich zwar einen ausreichenden Lebensunterhalt, doch dieser Lebensunterhalt würde mich quälen. Heizaemon ist wegen seines niedrigen Rangs stets in Nöten, und wir essen deshalb Grütze, aber sie ist dennoch süß. Bedenkt das bitte.« Kyūma war sehr beeindruckt.

2. ALLERLEI ERBAULICHES AUS DEM LEBEN DER SAMURAI

GESCHICHTEN DES NABESHIMA-CLANS, VON HELDEN UND RAUFBOLDEN

Die Herausforderung des Priesters Kaion zur Zeit, als Yamamoto Gorōzaemon in Edo weilte

Zu der Zeit, als Fürst Tsunashige noch nicht die Macht übernommen hatte, trat er bei dem Priester Kaion Kurotakiyama zum buddhistischen Glauben über und lernte von diesem Manne den Buddhismus. Da er Erleuchtung erlangt hatte, sollte er vom Priester das Siegel der Erleuchtung *inka* erhalten. Diese Nachricht verbreitete sich in der ganzen Residenz. Zu dieser Zeit stand Gorōzaemon in Diensten des Fürsten Tsunashige und war gleichzeitig als dessen Aufseher abgestellt. Nachdem er die genannte Nachricht vernommen hatte, war er im Zweifel, ob diese auch wahr sei. Er beabsichtigte deshalb, Kaion aufzusuchen, um ihn zu befragen, und wenn er leugnete, ihn niederzuschlagen. Als er zum Hause des Priesters in Edo ging und dort eintrat, begrüßte ihn dieser in der Annahme, es handle sich um einen Pilger, mit der nötigen korrekten Haltung. Gorōzaemon sprach daraufhin zu ihm: »Ich habe Euch ein Geheimnis mitzuteilen. Schickt die anderen Mönche fort.« Dann fuhr er fort. »Mir ist zu Ohren gekommen, dass Ihr in Kürze unseren jungen Fürsten aufgrund seines tiefen Verständnisses des Buddhismus und seiner Kenntnisse auszeichnen wollt. Da Ihr ursprünglich aus Hizen stammt, solltet Ihr den Ryūzōji und die Gebräuche des Nabeshima-Clans berücksichtigen. Weil unser Haus, anders als die übrigen Fürstentümer, seit Generationen eine ununterbrochene Linie aufweist, kann das Land in Harmonie regiert werden. Noch nie zuvor war einem Oberhaupt des Clans eine buddhistische Auszeichnung zuteil geworden. Wenn jedoch der Fürst durch Euch mit dem Siegel der Erleuchtung ausgezeichnet wird, denkt er nicht nur, dass er erleuchtet ist, sondern auch, dass die übrigen Personen des Clans niedriger Gesinnung seien. Dadurch würde eine Spaltung in Hoch und Niedrig eintreten, was für das Haus nachteilig wäre.

Auf diese Weise kann ein großer Mann arrogant werden. Ihr solltet ihn lieber nicht auszeichnen. Falls Ihr Euer Vorhaben nicht aufgebt, wäre dies ignorant«, sprach er mit Nachdruck. Der Priester wurde blass und antwortete: »Nun gut, das sind aufrichtige Motive, und ich sehe, dass Ihr die Angelegenheiten des Clans wohl begreift und ein loyaler Gefolgsmann seid.« Gorōzaemon antwortete darauf: »Darum geht es nicht, ich bin nicht hier, um gelobt zu werden. Ich will nichts weiter, als dass Ihr mir sagt, ob Ihr darauf verzichtet, die Auszeichnung zu verleihen, oder nicht.« Als der Priester ihm zur Antwort gab, dass ihm die Gründe einleuchteten und er darauf verzichte, das Siegel zu überreichen, war Gorōzaemon zufrieden und kehrte nach Hause zurück. Dies wurde unmittelbar berichtet.

~

Der Streitfall von Asakusa

Komori Eijun, Ōtsubo Kan'uemon Fuji Rokuemon, Shikae Shigezaemon, Yoshii Yoichiuemon, Ezoe Jinbei und andere, insgesamt acht Personen, gingen gemeinsam aus, um eine Bootsfahrt zu unternehmen. Zwei von ihnen, Eijun und Jin'uemon, betraten ein Teehaus, das sich vor dem Kannontempel befand. Sie gerieten mit den Männern des Teehauses in einen Streit und wurden geschlagen. Die auf dem Boot befindlichen Männer hörten dies, und Rokuemon sagte, dass sie umkehren und zurückschlagen sollten. Yoichiuemon und Jinbei stimmten zu. Die Übrigen gaben jedoch zu bedenken, dass dies für den Clan Schwierigkeiten bringen könne, weshalb alle nach Hause zurückkehrten. Obwohl Rokuemon in der Residenz sagte, sie hätten doch zurückschlagen sollen, blieben sie. Eijun und Jin'uemon, obgleich der Sache nicht gewachsen, hatten die Männer im Teehaus erschlagen, die Übrigen wurden von ihrem Herrn ausgeschimpft, und die Einzelheiten der Angelegenheit wurden ruchbar. Einer sagte: »Wenn man zurückschlagen will, darf man nicht warten, bis alle einer Meinung sind. Man muss entschlossen sein, auch alleine zu kämpfen, selbst wenn es einen das Leben kostet. Wer nur mit Worten zurückschlägt, aber nichts unternimmt, ist ein Zweifler. Gescheite Leute, die nur daherreden, denken nur an ihren späteren Ruf. Ein tollkühner Mann sagt nichts, sondern geht heimlich und stirbt. Ein tollkühner Mann muss sein Ziel nicht erreichen, aber er muss bereit sein zu sterben. Nur ein solcher Mann kann seinen Aufgaben gerecht werden.«

Der Fall Fukuchi Rokurouemon

Just als Rokurouemon die Burg verließ, zog vor der Residenz des Herrn Taku ein Gefährt vorbei, in dem eine Frau saß. Als das Gefährt vorüberzog, verneigte sich ein Mann davor in Ehrfurcht. Ein mit einer Naginata[20] bewaffneter Mann, der ebenfalls an dem Manne vorbeiging, sagte zu diesem, dass er den Kopf zu hoch trüge, und schlug ihm mit dem Griff dieser Waffe auf den Kopf. Als sich der Mann über den Kopf fuhr, bemerkte er Blut. Er stand wieder auf und sprach zu dem Manne: »Obwohl ich gebührende Höflichkeit gezeigt habe, habt Ihr Euch übertrieben gebärdet. Euer Pech.« Und er schickte den Mann mit der Naginata mit einem Schwertstreich zu Boden. Das Gefährt war inzwischen weitergefahren. Rokurouemon ging zu dem Manne, zog die Scheide von seinem Speer und sprach: »Steckt Euer Schwert wieder in die Scheide. Da wir uns hier auf dem Burggelände befinden, ist es untersagt, die blanke Waffe zu zeigen.« Als der andere das hörte, antwortete er: »Im Augenblick ist dies unmöglich, wie Ihr sicher festgestellt habt. Obgleich ich mein Schwert wieder in die

20. Waffe mit langem Schaft und gebogener Klinge.

Scheide stecken möchte, ist es für mich schwierig, wenn ich Eure Worte höre. Aber wir können die Sache in einem Zweikampf zu Ende bringen, auch wenn dies ärgerlich ist.«

Rokurouemon warf seinen Speer zu Boden und sprach mit ausgesuchter Höflichkeit: »Ihr habt Recht. Ich heiße Fukuchi Rokurouemon. Ich werde Euch den Rücken stärken und bezeugen, selbst wenn ich dabei mein Leben aufs Spiel setze, dass Ihr lobenswert gehandelt habt. Bitte steckt Euer Schwert jetzt in die Scheide.« »Einverstanden«, sagte der Mann und steckte das Schwert weg. Als er gefragt wurde, woher er komme, sagte er, dass er ein Gefolgsmann von Taku Nagamon sei. Daraufhin begleitete ihn Rokurouemon, um den Vorfall zu berichten. Die Dame in dem Gefährt war jedoch die Gemahlin des Fürsten gewesen, weshalb Nagamon anordnete, dass sein Gefolgsmann sich selbst zu entleiben habe. Daraufhin trat Rokurouemon vor und sprach: »Gemäß der Pflicht eines Samurai muss ich als Erster mich entleiben, sollte dieser Mann sich selbst entleiben müssen.«

Die Sache wurde ohne besondere Vorkommnisse beigelegt.

Der Dienst des Tsuruta Yashichibei in Arima

Am ersten Tag des Angriffs auf die Burg Hara wurde Yashichibei als Bote von Fürst Mimasaka zu Ōki Hyōbu gesandt, und als Yashichibei dort ankam, um die Botschaft zu überbringen, traf ihn an der Hüfte eine aus der Burg abgefeuerte Gewehrkugel, woraufhin er zu Boden sank. Er rappelte sich wieder auf, sprach noch die letzen Worte seiner Botschaft und wurde abermals niedergestreckt. Taira Chihei trug den Leichnam und versuchte, in die eigenen Reihen zurückzukehren, als ihn ebenfalls eine Kugel traf und er starb.

GESCHICHTEN VON SAMURAI AUS ANDEREN GEBIETEN

Ein Gefolgsmann Matsudaira Sagami-no-kami (der Burgherr von Tottori in der Provinz Inaba) machte sich auf den Weg nach Kyōto, um Schulden einzutreiben. Er mietete sich in Kyōto in einem Stadthaus ein. Eines Tages ging er nach draußen, um die Leute zu beobachten, als er von einem Passanten Folgendes vernahm: »Das Gefolge von Matsudaira Sagami-no-kami ist gerade in eine Auseinandersetzung verwickelt.« Nachdem der Mann das gehört hatte, war er besorgt, weil seine Kameraden in einen Streit verwickelt waren. Sicher sind das die Gefolgsleute aus Edo, die sich gerade hier aufhalten, um sich umzusehen, so dachte er. Er suchte nach dem Mann, dessen Worte er gehört hatte, und als er außer Atem angerannt kam, waren seine Kameraden gerade niedergeschlagen worden, und man war dabei, ihnen den Gnadenstoß zu versetzen. Er stieß daraufhin einen Schrei aus, erschlug zwei der Gegner und kehrte zu seinem Quartier zurück. Der Vorfall kam dem Magistrat zu Ohren, der den Mann zu sich zitierte und fragte: »Ihr habt Euren Kameraden in einem Kampf beigestanden und damit gegen das Gesetz verstoßen. Das ist doch so, oder?« Der Mann antwortete darauf: »Ich bin ein Mann vom Lande, deshalb ist es schwer für mich, Eure Worte zu verstehen. Sagt es mir bitte noch einmal.« Der Magistrat wurde ärgerlich und sprach: »Können Eure Ohren nicht hören? Habt Ihr nicht an einem Kampf teilgenommen, Menschen getötet und gegen das Gesetz und die Anordnungen der Regierung verstoßen?« Daraufhin sprach der Mann: »Ich habe Euch voll und ganz verstanden. Obwohl ich gegen das Gesetz verstoßen habe, wie Ihr sagt, und die Anordnungen der Regierung missachtet habe, habe ich keineswegs dem Gesetz den Rücken gekehrt noch gegen die Anordnungen verstoßen. Es heißt, dass jede Art von Leben wertvoll ist, insbesondere das der Menschen. Auch schätze ich mein Leben. Doch so zu tun, als höre man nichts, wenn die eigenen Kameraden in einen Kampf verwickelt sind, hieße, den Weg des Kriegers zu vernachlässigen. Aus diesem Grunde kam ich herbeigeeilt. Und zu sehen, wie die eigenen Kameraden abgeschlachtet werden, und unverrichteter Dinge wieder nach Hause zu gehen, würde zwar das eigene Leben verlängern, wäre aber nicht im Sinne des Bushidō. Aber das eigene Leben zugunsten des Bushidō aufzugeben, heißt, das Gesetz des Budō zu befolgen. Deshalb habe ich auch nicht gegen die Anordnungen der Krieger verstoßen. Es war für mich der Sinn meines Lebens, es in diesem Fall aufzugeben. Ich bitte Euch nun, mich auf der Stelle hinrichten zu lassen.« Der Magistrat war tief beeindruckt von diesen Worten, und die Sache wurde nicht weiter verfolgt. Später sprach der Magistrat zu Matsudaira Sagami-no-kami: »Ihr habt da einen sehr fähigen Samurai. Betrachtet ihn als einen Schatz.«

Die Genealogie des Hauses Sōma, genannt Chiken morokashi, war die beste in ganz Japan. Eines Tages brannte plötzlich die Residenz des Fürsten ab. »Das Haus und die Einrichtung sind ersetzbar, was mich jedoch zutiefst reut, ist der Verlust der Genealogie, der wertvollste Schatz der Familie. Sie konnte ich nicht mehr aus den Flammen holen«, sprach der Fürst. Unter den umstehenden Samurai sagte einer: »Ich werde sie herausholen.« Der Fürst und all die anderen lachten. »Was wollt Ihr noch herausholen? Das Haus brennt bis auf die Grundmauern ab«, sagte Fürst Sōma. Obwohl dieser Mann weder gescheit noch zu irgendwelchen besonderen Aufgaben taugte, wusste er doch, was sich gehört, und war in seinem Dienst bemüht. Dieser Mann trat nun vor und sagte: »Heute ist der Tag, an dem ich unwürdiger Diener, der ich zu nichts nütze war, endlich beweisen kann, dass ich wenigstens einmal in meinem Leben etwas zuwege bringen kann. Jetzt ist der Zeitpunkt gekommen.« Und er sprang in die Flammen. Nachdem das Feuer erloschen war, ließ der Fürst nach den sterblichen Überresten des Mannes suchen. »Welch ein Jammer«, sprach er. Nachdem sie überall gesucht hatten, fanden sie den verkohlten Leichnam im Garten, der sich zwischen den Gemächern befunden hatte. Als sie ihn herauszogen, rann Blut aus seinem Bauch. Er hatte die Genealogie in seinem aufgeschlitzten Bauch versteckt, so dass diese nicht im Geringsten Schaden davongetragen hatte. Seitdem heißt diese Genealogie die »Blutgenealogie«.

~

Hirano Gonbei befand sich unter den Männern der sieben Speere, die geradewegs den Shizugadake erklommen. Später ernannte ihn Tokugawa Ieyasu zum Hatamoto. Einmal besuchte er bei Herrn Hosokawa einen Unterhaltungsabend. »Die militärischen Fähigkeiten des Herrn Gonbei sind in Japan wohl bekannt. Es ist bedauerlich, dass ein so tapferer Mann derzeit in einen so niedrigen Rang erhoben wurde. Das dürfte Euren Vorstellungen sicher nicht entsprochen haben. Wenn Ihr mein Gefolgsmann wäret, würde ich Euch die Hälfte meines Gebiets als Lehen geben«, sprach Hosokawa. Gonbei gab darauf keine Antwort, stand wortlos auf, ging auf die Veranda und urinierte direkt vor dem Haus. »Wenn ich einer Eurer Gefolgsmänner wäre, würde ich nicht an dieser Stelle urinieren«, antwortete er schließlich.

~

Der Taikō[21] Hideyoshi wurde im Dorfe Nakamura im Kreis Echi in der Provinz Owari geboren. Er diente dort bei Matsushita Kabei und wurde »der Affe« genannt. Dann änderte er selbst seinen Namen in Hashiba Tōkichirō Hideyoshi. Er diente Oda Nobunaga, wurde zum Statthalter von Chikuzen ernannt und hatte später den Rang des *Kampaku* inne. Er ließ die Burgen von Kyōto, Fushimi und Ōsaka errichten. Sein Amt als Kampaku trat er an seinen Neffen und Adoptivsohn Hidetsugu ab. Er residierte in den Burgen um Kyōto, wie Fushimi und Ōsaka, wohin er sich aufs Altenteil zurückgezogen hatte. Man nannte ihn den Taikō.

~

Unter den Gefolgsleuten des Takeda Shingen aus Kai war ein Mann, der mit einem andern in Streit geriet, diesen zu Boden zerrte, auf ihn einprügelte und schließlich auf ihm herumtrampelte, bis Freunde herbeieilten und die beiden Kontrahenten trennten. Unter den höheren Gefolgsleuten *karō* fand deshalb

21. Titel des Kampaku, wenn sein Sohn die Nachfolge antrat. Der Kampaku diente als Mittler zwischen dem Kaiser und den Beamten.

eine Besprechung statt. »Der Samurai, der auf sich herumtrampeln ließ, muss bestraft werden«, war ihr Beschluss, den sie Shingen unterbreiteten. Doch Shingen erwiderte: »Der Kampf ist noch nicht zu Ende. Ein Samurai, der den Weg des Kampfes vergessen hat und sein Schwert nicht gebraucht, muss vor den Göttern geopfert werden. Als Beispiel für zukünftige Gefolgsleute werden beide Männer am Kreuz aufgehängt.« Die Männer, die beide Kontrahenten getrennt hatten, wurden in die Verbannung geschickt.

~

Zu der Zeit, als Hotta Kaga-no-kami ein Knappe war, benahm er sich ziemlich halsstarrig. Um sein Herz prüfen zu können, erhitzte der Shōgun Feuerzangen und schob sie in den Ofen. Jedes Mal, wenn der Shōgun den Raum betrat, nahm Hotta die Zangen in die Hand und grüßte, weil es ihm so aufgetragen war, und auch dieses Mal nahm er bedenkenlos die Zangen, wobei er sich die Hände verbrannte. Weil er jedoch wie jeden Tag seinen Pflichten nachkam, sprang der Shōgun auf und entriss ihm die glühenden Zangen.

~

Tokugawa Ieyasu hatte einst bei einem Feldzug keinen Gewinn gemacht. Später lautete die Beurteilung aufgrund eines Gerüchts: »Ieyasu ist ein sehr tapferer Feldherr. Nicht einer seiner Gefolgsleute starb mit dem Rücken zum Feind, sondern Aug in Aug mit dem Feind.« Da sich die tägliche Entschlossenheit eines Kriegers auch noch nach seinem Tod manifestiert, kann es Anlass zu Schande geben.

~

Als sich Eguchi Tōan in Edo befand, um dort Medizin zu studieren, begab er sich zu dem alten Yoshida Ichian im Banchō-Gebiet, weil sich in der Nähe eine Schule für Schwertkunst befand, zu der er hin und wieder ging, um Unterricht zu nehmen. Eines Tages kam ein Rōnin-Schüler auf Tōan zu und sagte zu ihm: »Mein seit vielen Jahren gehegter Wunsch geht jetzt in Erfüllung. Weil Ihr immer freundlich zu mir wart, erzähle ich es Euch.« Sprach's und ging weg. Tōan kamen Zweifel, und er folgte dem Manne. Da sah er von der gegenüberliegenden Seite einen Mann mit einem geflochtenen Binsenhut auf sich zukommen. Der Schwertmeister stand vier oder fünf Meter von diesem entfernt, und als der Mann mit dem Hut an dem Schwertmeister vorbeiging, schlug er kräftig mit seiner Schwertscheide zu. Der Mann sah sich um, riss den Binsenhut vom Kopf des Rōnin und warf ihn beiseite. Da dies ein feindlicher Akt war, rief er mit lauter Stimme seinen Namen. Verwirrt, wie er war, war der Mann im Handumdrehen erschlagen. Aus den Häusern der Umgebung und des Viertels kamen Glückwünsche, und es wurde sogar Geld gespendet. Dies war eine der Lieblingsgeschichten Tōans.

~

Selbst wenn einem überraschend der Kopf abgeschlagen wird, ist man noch zu einer Reaktion fähig. Yoshisadas letzte Augenblicke sind ein Beweis dafür. Wäre er ein ängstlicher Mann gewesen, wäre es mit dem Rollen seines Kopfes auch mit ihm vorbei gewesen. Auch der erst kürzliche Fall des Ōno Dōken[22] zählt dazu. Diese Männer waren von nur einem Gedanken beseelt gewesen. Weil in den Seelen dieser Männer aufgrund ihrer Tapferkeit der übermächtige

22. Dōken wurde auf dem Scheiterhaufen verbrannt, doch selbst schon fast zu Asche geworden, konnte er sich noch rächen. Es gibt viele Berichte von übernatürlichen Kräften von zum Tode verurteilten Haudegen, die vergleichbar sind mit der Hinrichtung von Klaus Störtebeker, dessen Rumpf noch an all seinen Mannen vorbeilaufen konnte, damit sie freikommen, und erst beim letzten Mann zu Boden sank.

Zorn von Rachegeistern aufstieg, starben sie nicht, als ihnen der Kopf abgeschlagen wurde.

~

Als Maguchirō auf dem Heimweg von einer Mission durch die Straßen Edos ritt, scheute plötzlich sein Pferd und brachte die auf der Straße ausgestellten Auslagen durcheinander. Ohne ein Wort zu sagen, ritt der Mann weiter, doch der Ladenbesitzer schimpfte, woraufhin Maguchirō ungerührt sagte, dass die Auslagen sich auf einer öffentlichen Straße befänden, und seines Weges zog.

~

Als die Fürsten von Owari, Kii und Mito ungefähr zehn Jahre alt waren, versammelten sie sich im Garten von Tokugawa Ieyasu. Ieyasu schlug ein Bienennest herab, und die Bienen summten wie wild umher. Aus Furcht flohen der Fürst von Owari und Kii. Der Fürst von Mito jedoch entfernte die auf seinem Gesicht sitzenden Bienen eine nach der anderen und warf sie fort. Er war nicht fortgelaufen.

Einmal hatte Ieyasu eine Menge Kastanien in einen Ofen zum Rösten gesteckt. Er rief die drei Knaben zu sich. Die Kastanien tanzten im Feuer wie Federbälle, als sie genügend erhitzt waren. Zwei der

Knaben erschraken sich und liefen davon. Fürst Mito jedoch holte die tanzenden Kastanien, die aus dem Feuer gesprungen waren, und warf sie ohne ein Zeichen von Furcht wieder zurück in den Herd.

~

Irgendwo im Gebirge waren einmal zehn Blinde unterwegs. Als sie an einen Abhang kamen, wurden sie sehr vorsichtig, bekamen zittrige Knie, und das Blut gefror in ihren Adern. Der Mann an der Spitze der Gruppe geriet ins Wanken und stürzte in den Abgrund. Die übrigen fingen an zu wehklagen: »Oh, der Arme«, und rührten sich nicht mehr von der Stelle. Der abgestürzte Mann rief ihnen aus dem Abgrund jedoch zu: »Beruhigt Euch. Ich bin zwar gestürzt, doch mir ist nichts passiert. Bevor ich fiel, dachte ich: ›Um Himmels willen, was mache ich, wenn ich falle?‹, und mein Mut schwand dahin, doch nun bin ich gestürzt. Wenn Ihr Euch beruhigt habt, dann lasst Euch schnell fallen.«

~

Hōjō Awa-no-kami versammelte um sich Schüler der Kampftechniken. Er zitierte einen Physiognomen, der gerade in Edo sehr in Mode war, zu sich, damit er an den Gesichtern der Schüler erkenne, wer tapfer und wer ein Feigling sei. »Die Tapferen müssen sich noch mehr anstrengen. Die Feigen müssen sich darum bemühen, ihr Leben aufzugeben. Es ist keine Schande, wie man geboren ist.« Und so wurde ein Mann nach dem anderen inspiziert. Zu dieser Zeit war Hirose Denzaemon zwölf oder dreizehn Jahre alt. Als er dem Physiognomen gegenübersaß, zischte er diesem zu: »Wenn Ihr meinem Gesicht Feigheit ablest, werde ich Euch mit einem einzigen Schwertstreich töten!«

~

Der Taikō[23] sprach zu Ōta Sanraku: »Ihr seid zwar ein guter General mit den Tugenden der Weisheit, der Menschlichkeit und des Mutes ausgestattet, doch von niedrigem Rang. Ich dagegen besitze keine einzige Tugend, aber ich bin derjenige, der sich das Reich geholt hat.«

~

Taikō Hideyoshi wurde einmal von einem Gefolgsmann gefragt, welcher begabte Fürst das Reich regieren werde. Hideyoshi antwortete darauf: »Um das Reich zu holen, muss man Mut, Tapferkeit und Weis-

23. Bezeichnung des Toyotomi Hideyoshi.

heit besitzen. Doch es gibt keinen Daimyō, der alle drei Eigenschaften besitzt. Es gibt nur drei Männer, die zumindest zwei der genannten Eigenschaften aufweisen: Bei den Uesugis ist es Naoe Yamashiro. Dieser Mann ist mutig und tapfer, besitzt aber keine Weisheit. Bei den Mōris ist es Kobayakawa Takakage, er besitzt Mut und Weisheit, aber ist nicht tapfer. Und bei den Ryūzōji ist es Nabeshima Hida, der tapfer und weise, aber nicht mutig ist. Kurzum, unter den Daimyō gibt es keinen Einzigen.«

~

Einmal sollten alle Daimyō für den Taikō Blumen stecken. Auch Fürst Naoshige sollte dieser Aufgabe nachkommen. Doch schließlich und endlich hatte Naoshige nicht die geringste Ahnung, wie er das bewerkstelligen sollte, und warf mit beiden Händen die Blumen in ein Gefäß. Als er die Blumen vor den Taikō stellte, meinte dieser, dass die Blumen zwar schlecht seien, aber die Art, wie sie stehen, doch hübsch anzusehen sei.

~

Zur Zeit des Koreafeldzuges ließ Fürst Naoshige für das militärische Glück in Kyōto die Goma-Halle im Itoku-in beim Aitō-Berge errichten. Es war die erste Aitō-Goma-Halle. Später wurde die Goma-Halle von Fürst Saikawa nochmals errichtet, und danach diente sie den Shōgunen der Tokugawa. Einmal brannte sie nieder, doch Fürst Katsushige ließ sie wieder aufbauen. Nachdem sie eingestürzt war, errichtete sie Fürst Yoshishige erneut. Als der Itoku-in angeklagt wurde, schaltete sich Takagi Yosōbei ein, und der Tempel konnte weiterhin bestehen.

~

Fürst Masaie stellt seine Bemühungen ein

Hideyoshi spielte einmal Shōgi mit Masaie, doch als sich der Fürst zurückziehen wollte, konnte er keinen Schritt gehen, nachdem er aufgestanden war, weil seine Füße taub waren. Also kroch er. Die Umstehenden lachten ihn alle aus. Fürst Masaie war ein beleibter Krieger, und schon deshalb war es für ihn unangenehm zu knien. Wenn er abermals gerufen wurde, lehnte er ab, da er sich nicht in der Lage sah, seinem Dienst weiterhin nachzukommen.

~

Tanaka Yabei erschlägt einen Mann aus Edo

Als sich Yabei dienstlich in Edo aufhielt, schalt er heftig einen seiner Gefolgsleute, weil dieser sich unverschämt aufführte. Mitten in der Nacht vernahm Yabei ein Geräusch, als ob einer die Treppe hinaufstiege. Da ihm dies verdächtig erschien, stand er leise auf, nahm sein Kurzschwert und fragte, wer da sei. Es war der Kamerad, den er zuvor gescholten hatte. Dieser hielt ebenfalls ein Kurzschwert in seiner Hand. Yabei stürzte sich auf ihn und hieb ihn mit einem Schwertstreich nieder.

~

Nakano Mukunosuke erschlägt mit einem Streich einen Mann auf dem Sumida-Fluss

Als Mukunosuke ein kleines Boot auf dem Sumida-Fluss bestiegen hatte, um ein wenig in die Kühle hinauszufahren, drängte sich ein Mann ins Boot und benahm sich höchst unanständig. Als Mukunosuke sah, dass der Mann sich über den Bootsrand erleichterte, hieb er ihm den Kopf ab, der ins Wasser fiel. Damit der Leichnam nicht gesehen werde, bedeckte er ihn hastig mit allerlei Dingen. Ferner sprach er zum Bootsführer, dass die Sache nicht publik werden solle, und wies ihn an, den Sumida-Fluss weiter hinauf zu rudern und den Leichnam zu begraben, wofür er gut bezahlt werde. Der Bootsmann tat wie ihm geheißen, doch Mukunosuke schlug ihm an der Stelle der Bucht, wo er den Leichnam begraben hatte, ebenfalls den Kopf ab. Dann kehrte er schnurstracks zurück. Kein Mensch erfuhr davon. Zu der Zeit hatte sich auf dem Boot auch ein junger Liebesknabe befunden. Als Mukunosuke den Wüstling erschlug, hatte er gesagt: »Der Kerl war auch ein Mann. Man sollte in jungen Jahren üben, wie man enthauptet«, und hatte den Leichnam mit einem Streich gespalten. Aus diesem Grunde kam die Sache nie heraus.

~

Während der Genroku-Periode[24] gab es in der Provinz Kii einen Mann namens Suzuki Rokubei. Er war ein Samurai niederen Ranges. Infolge einer schweren Verletzung hatte er hohes Fieber und war nicht mehr bei Sinnen. Zu diesem Zeitpunkt packte unerwartet einen Krankenpfleger die Habsucht. Er öffnete Rokubeis Schreibetui, in dem sich das Gold und Silber befand, und wollte es an sich bringen. Genau in diesem Augenblick richtete sich der Kranke plötzlich auf, zog das unter seinem Kissen befindliche Schwert und schlug den Mann mit einem einzigen

24. In Japan werden bis heute die Jahre nach Regierungsdevisen gezählt. Beispielsweise ist derzeit das 18. Jahr Heisei. Die Devisen sollten Glück verheißend und ein Charakteristikum der Regierung sein. Die Genroku-Periode dauerte von 1688 bis 1704.

Schwertstreich nieder. Dann sank er auf sein Lager zurück und starb. Er schien den Instinkt eines Straßenköters zu haben. Nachdem ich davon in Edo gehört hatte, fragte ich später den Arzt Nagatsuka, der mit mir zusammen in der gleichen Provinz beschäftigt war und ebenfalls aus Kii stammte, nach dieser Geschichte, und tatsächlich hatte er Rokubei gekannt und bestätigte deshalb die Geschichte als wahr.

~

Der Streit des Kitabatake

Eines Nachts versammelten sich einige Samurai aus Karatsu zum Spiel, und Herr Kitabatake sah dabei zu. Weil er Kommentare abgab, schlug ihn einer der Männer mit einem Schwert nieder. Als die Umstehenden den Mann zurückhielten, löschte Herr Kitabatake die Kerze aus und sagte: »Es war von mir unangemessen. Ich möchte mich dafür entschuldigen. Der Herr hat mich nicht im Geringsten verletzt. Das Go-Spielbrett wurde getroffen.« Dann wurde die Kerze wieder angezündet, und als sich der Mann mit einer Schale Wein näherte, um die Sache wieder in Ordnung zu bringen, hieb ihm Kitabatake mit einem Streich den Kopf ab. »Er hat meinen Schenkel durchtrennt, und da es deshalb schwer war, gegen ihn die

Hand zu erheben, wickelte ich das Bein in mein Gewand, stützte mich auf das Go-Brett und konnte so agieren.« Sprach's und verschied.

~

Matsudaira Izu-no-kami sagte zu Mizuno Kenmotsu, dass er ein sehr wertvoller Mensch sei, doch leider viel zu klein geraten. »Das ist wahr«, erwiderte Kenmotsu, »leider geht in dieser Welt nicht alles nach Wunsch. Würde ich Euren Kopf abschlagen und unter meine Füße legen, wäre ich zwar größer, doch brächte ich das nie fertig.«

3. LEBENSWEISHEITEN UND RATSCHLÄGE

LEBENSWEISHEITEN

Weder Aufstieg noch Fall lassen auf das Gute oder Schlechte eines Menschen schließen. Aufstieg und Fall sind Schicksal. Das Gute und das Schlechte sind der Weg des Menschen, aber durch Aufstieg und Fall kann man sie belehren.

~

Nach der Aussage Itteis kann jeder Wunsch in Erfüllung gehen. Früher gab es in unserer Provinz keine Kiefernpilze. Einige Leute sahen diese Pilze in der Gegend von Kyōto und wünschten sich so inständig, dass sie auch bei uns wüchsen. Heute gibt es sie überall im Gebiet von Kitayama. Später bestand der Wunsch, dass in unserer Provinz die Zypresse wachse. Das ist zwar ein in die Zukunft gerichteter Wunsch, doch wenn alle diesen Wunsch haben, kann er auch in Erfüllung gehen.

~

Berechnende Menschen sind verachtenswert. Weil berechnende Menschen sich genau Gewinn und Verlust überlegen, denken sie an nichts anderes. Tod ist Verlust, Leben Gewinn, und weil sie den Tod verachten, sind sie verachtenswert. Auch Gelehrte werden oft falsch eingeschätzt. Hinter ihren gescheiten und gekonnten Reden verbergen sie meist ihre eigene Feigheit und Begierde.

~

Shida Kichinosuke, so wurde berichtet, soll Folgendes gesagt haben: »Wenn weder das Leben noch der Tod bedauerlich sind, ist es besser zu leben.« Dies sind verborgene Bedeutungen, genauso wie: »Wenn man überlegt, ob man gehen soll oder nicht, ist es besser, nicht zu gehen.« Dem kann man noch hinzufügen: »Wenn man überlegt, ob man essen soll oder nicht, ist es besser, nicht zu essen. Und wenn man überlegt, ob man sterben soll oder nicht, ist es besser zu sterben.«

~

Auch wenn man auf große Ereignisse oder große Umwälzungen trifft und behauptet, davon nicht erschüttert zu werden, so ist das noch lange kein Kampfesmut. Gerät man in große Umwälzungen, muss man freudig und forsch mit Mut an die Sache herangehen. Eine Barriere muss überwunden werden, denn heißt es nicht: »Je höher das Wasser, desto höher das Boot«? Das war die Ansicht von Herrn Muraoka.

~

»Ein tollkühner Mann ist ein Mensch, auf den man sich verlassen kann, und ein Mensch, auf den man sich verlassen kann, ist ein beherzter Mensch«, sagte Jin'uemon. »Jahrelang gab es dazu Beispiele. Verlässlichkeit brauche ich nicht in guten Zeiten, doch wenn es mit einem bergab geht und schlechte Zeiten sind, man untertaucht und abhängig ist, zählt die Verlässlichkeit. Ein derartiger Mensch muss ganz einfach ein beherzter Mann sein.«

~

Ein Mensch, von dem es heißt, er sei künstlerisch geschickt, ist ein Verrückter. Da er sich in seiner Verrücktheit nur auf eine Sache und nichts anderes sonst konzentriert, ist er in dieser zwar geschickt, aber zu sonst nichts nütze.

~

Es ist ratsam, seine Stärke bis zum Alter von vierzig Jahren konsolidiert zu haben. Bis fünfzig sollte man gesetzt sein.

~

Wer mit anderen spricht, sollte sich der Sache angemessen verhalten. Wenn man an der Sache vorbeiredet, selbst wenn man gut spricht, zeigt Desinteresse.

~

Mit dem Personal in unmittelbarer Nähe des Fürsten sollte man sich gut stellen. Wenn ich es allerdings meinetwegen tue, ist es nur Schmeichelei. Wenn man etwas vorbringen möchte, sind sie der Zugang, doch es ist zwecklos, wenn diese Personen ohne Loyalität und Pflichtgefühl sind. Alles sollte nur dem Fürsten dienen.

~

Es gibt auf der Welt viele Menschen, die belehren, aber es gibt nur wenige, die sich über Belehrungen freuen, und diejenigen, die den Belehrungen folgen, sind selten. Wer über dreißig ist, kann nicht mehr belehrt werden. Indem man sich gegen Belehrungen sträubt und so bleibt, wie man ist, begeht man einen Fehler nach dem anderen und wird immer dümmer. Damit die Menschen den richtigen Weg erkennen, sollte man vertrauliche Belehrungen annehmen.

~

Es heißt, dass große Männer erst spät reifen. Wer zwanzig oder dreißig Jahre lang nichts Vernünftiges zuwege gebracht hat, wird kaum großen Verdienst einheimsen. Auch derjenige, der es in seinem Dienst eilig hat und sich über den Dienst hinaus engagiert, wird zwar als jung und begabt bezeichnet, doch das steigt ihm wiederum zu Kopf, er sieht nur noch sich selbst und setzt eine Miene auf, als hätte er Großartiges vollbracht, und da er zu einem Schmeichler wird und in seinem Herzen leichtfertig, zeigt man hinter seinem Rücken mit dem Finger auf ihn. Wer sich bei seinen Studien nicht anstrengt und bei der Beförderung nicht auf die Unterstützung anderer rechnen kann, ist ohne Wert.

~

Wenn es an der Zeit ist, dass man innerhalb des eigenen Clans oder der eigenen Gruppe mit Aufgaben betraut wird, die in Zusammenhang mit dem Weg des Kriegers stehen wie Kaishaku oder die Verhaftung eines anderen, dann ist es ratsam, sich tagein, tagaus zu sagen, dass es keinen anderen für diese Aufgaben gibt. Dieses Bewusstsein bringt die anderen dazu, zu denken, dass man wirklich der Einzige sei, der dafür in Frage kommt, sobald der Fall eintritt. Man sollte immer von sich selbst denken, dass man den anderen im Hinblick auf Tapferkeit überlegen ist, und niemals denken, man sei geringer. Tapferkeit muss gepflegt werden.

~

Wenn man etwas liest, sollte das still geschehen. Wer laut liest, strapaziert seine Stimme. Dies ist ein Ratschlag von Shikibu.

~

In Zeiten des Glücks sind Überheblichkeit und Luxus gefährlich. Wer in solchen Zeiten nicht jeden Tag bedachtsam handelt, wird sich übernehmen. Wer in guten Zeiten immer weiter voranschreitet, wird in schlechten Zeiten dem Unglück nicht gewachsen sein.

~

Ein loyaler Beamter ist unter pietätvollen Kindern zu suchen. Wer sich in erster Linie mit ganzen Herzen einer Sache widmet, kann sich pietätvoll verhalten. Viele machen jedoch nicht den Eindruck. Obwohl dieses Verhalten im Dienst natürlich vorkommt, sind die Menschen, die sich tatsächlich pietätvoll verhalten, selten. Wenn von Loyalität und kindlicher Pietät die Rede ist, kann man nicht wissen, was das ist, wenn der Herr und die Eltern unvernünftig und diese Eigenschaften nicht vorhanden sind. Ein guter Mensch verhält sich anderen gegenüber freundlich.

~

»Ein Schriftstück entsteht durch das Zusammenspiel von Papier, Pinsel und Tusche«, sprach Ittei. »Doch sie wünschen so sehr, getrennt zu sein.«

~

Ittei sprach: »Etwas Gutes zu tun, lässt sich kurz beschreiben: Dulden! Außer Dulden ist alles andere schlecht.«

~

In glücklichen Zeiten sollte man sich vor Prahlerei und Luxus hüten. Es ist gefährlich, auch nur ein wenig unachtsam zu sein.

~

Früher hatten die Menschen ein tieferes Bewusstsein. Wer zwischen dreizehn und sechzig Jahren war, ging in die Schlacht. Aus diesem Grunde verheimlichten die Menschen früher ihr Alter.

~

Der Traum stellt die Wirklichkeit auf die Probe. Wer ab und zu im Traum seinen Tod durch Enthauptung oder Selbstentleibung sieht, wird gewahr, wie sich dieser Traum allmählich wandelt, wenn er festen Mutes ist. Einen derartigen Traum hatte ich in der Nacht des 27. Tages im fünften Schaltmonat.

~

Prächtig aussehende Menschen kann man getrost übersehen, wichtig ist, dass ein Mann Stärke hat.

~

Der Zeitgeist ist etwas Unwiederbringliches. Er verfällt stetig, weil das Ende der Welt gekommen ist. Ein Jahr besteht nicht nur aus Frühling und Sommer und zum Tag gehört die Nacht. Doch die Welt von vor hundert Jahren ist unwiederbringlich, selbst wenn man es wollte. Deshalb ist es wichtig, dass in jedem Zeitalter das Richtige getan wird. Es ist ein Fehler, wenn man zu sehr an den Sitten der Vergangenheit festhält. Aus diesem Grund begreift man die Gegenwart nicht. Darüber hinaus werden diejenigen, die nur an den Geist der jeweiligen Zeit denken, die Vergangenheit verabscheuen und kaum zurückkehren wollen.

An dem jeweiligen Gedanken festzuhalten, sich durch nichts ablenken zu lassen, sich außer der Hingabe an seine Aufgaben auf nichts anderes einzulassen, heißt, einen Gedanken nach dem anderen ein Leben lang zu Ende zu bringen.

~

»Je höher das Wasser, desto höher das Boot«, heißt es. Ein begabter oder auf den eigenen Vorteil bedachter

Mensch, der auf Schwierigkeiten trifft, muss umso beherzter vorangehen, je schwieriger die Lage. Sobald eine Sache langweilig wird, entstehen Fehler.

~

Nach den Worten Yanagawas muss man im Gebiet von Kyōto, wenn man die Anweisung erhalten hat, ein Schriftstück zu verfassen, und wenn es nur ein Brief ist, es in dem Gedanken schreiben, dass der Empfänger es als Bild aufhängen würde. Meist schreibt man nur die Schande nieder.

~

Ist der Mensch nicht eine perfekt gestaltete Marionette? Er geht, springt und hüpft, und das ohne Fäden. Mit anderen Worten, er ist eine Meisterleistung der Handwerkskunst. Sollten wir nicht Gäste beim Allerseelenfest im nächsten Jahr sein? Wie ist doch die Welt vergänglich! Man vergisst es nur allzu leicht.

~

In Zeiten großer Katastrophen oder Umwälzungen genügt ein einziges Wort. Auch in Zeiten des Glücks genügt ein einziges Wort. Trifft man mit anderen zusammen, genügt als Begrüßung ein Wort. Man denkt nach und spricht erst dann.

~

Auf den ersten Blick zeigt sich die Würde der Menschen so, wie sie wirklich ist. Die Würde zeigt sich in der geschmackvollen Erscheinung, der Besonnenheit und der Wortknappheit. In der Beachtung der Etikette zeigt sich eine tiefe Würde und ebenfalls im tadellosen Verhalten. Würde ist auch in stiller Verbissenheit und im scharfen Blick zu erkennen. Dies alles zeigt sich nach außen. Kurz gesagt, sind die Grundlage dafür ein aufmerksamer Geist und ehrliche Gedanken.

~

Begehrlichkeit, Zorn und Dummheit sind leicht auszumachen. Wenn auf der Welt Schlechtes auftritt, dann ist dies, bei genauer Betrachtung, mit diesen drei Eigenschaften in Verbindung zu bringen. Betrachtet man dagegen das Gute, dann ist in ihm Weisheit, Menschlichkeit und Mut enthalten.

~

Nakano Kazuma sprach einst: »Manche Menschen benutzen bei der Teezeremonie neues, hübsches Gerät anstelle der alten Gerätschaften, weil sie diese als schäbig betrachten. Andere wiederum benutzen altes Teegerät wegen seiner Lieblichkeit. Doch beide denken falsch. Altes Gerät, obgleich von den Armen benutzt, ging aufgrund seiner Güte bereits durch die Hände der Oberschicht, und diese Güte wird geschätzt. Mit einem Gefolgsmann verhält es sich genauso. Ein armer Mann steigt in die Oberschicht aufgrund seiner Tugend auf. Die Ansicht, dass ein Mann aus unbekannter Familie nicht in der Lage wäre, den gleichen Dienst zu verrichten, oder dass einer, der gestern noch Fußsoldat war, nicht zu einem Führer aufsteigen könne, ist grundlegend falsch. Mehr noch als ein bereits in einen Rang hineingeborener Mann sollte derjenige respektiert und geachtet werden, der aus niedrigen Verhältnissen aufgestiegen ist.«

~

Nakano Kazuma sagte einst: »Der wahre Sinn der Teezeremonie ist es, die sechs Sinne zu klären. Für die Augen sind es die Hängerolle und das Blumengesteck, für die Nase der Geruch des Weihrauchs, für die Ohren das Geräusch des Wassers, für den Mund der Geschmack des Tees. Wenn diese fünf Sinne klar und rein sind, wird der Geist von selbst rein und klar. Letztendlich dient die Teezeremonie zur Klärung des Geistes. Dem Geist der Teezeremonie Tag und Nacht verhaftet zu sein, ist keineswegs Vergnügungssucht. Auch das Teegerät sollte angemessen sein. Die Strophe des Gedichts ›Das frühere Dorf liegt unter Schnee begraben, doch letzte Nacht öffneten zahlreiche Pflaumenzweige ihre Blüten‹ wurde in ›ein Zweig öffnete seine Blüten‹ geändert, weil ein einzelner Zweig die Schlichtheit des Geschmacks besser zum Ausdruck bringt.«

~

Wer die Erzählungen über große Taten hört, sollte mit Erfurcht lauschen, auch wenn er die Geschichten schon zehn- oder zwanzigmal gehört hat und sie kennt, denn sie bleiben im Herzen hängen und sind oft der Auslöser für Neues. Die langweiligen Geschichten alter Leute erzählen oft von großen Taten.

~

Der Priester Kinpō, der den Gyokurin-Tempel leitete, war der Fürbitter von Fürst Naoshige. Kinpō lebte in Kase auf dem Altensitz. »Es ist schwer, die vielen Jahre Eures Wohlwollens zu vergelten, deshalb weise ich heute dem Altensitz Kase einhundert Koku[25] Reis als Salär zu«, verfügte der Fürst. Als der

25. Zahlungsmittel der Tokugawa-Zeit. 1 Koku entspricht 180 Liter. Die Gefolgsleute wurden in Reis entlohnt, den sie dann wiederum zu Geld machten. Infolge der Landflucht sank die Reisproduktion, und viele Samurai verarmten, da sie nicht mehr den ihnen zustehenden Sold erhalten konnten.

Priester das hörte, erboste er sich und antwortete: »Wie konntet Ihr so rasch vergessen, wie viele Perlen des Rosenkranzes wir für Eure militärischen Angelegenheiten zerbrochen haben? Das waren mehr als Eure hundert Koku. Wohlwollen zu schätzen bedeutet, ein Leben lang Freundschaft zu pflegen. Eine andere Position einzunehmen ist gefährlich.« Als der Fürst davon in Kenntnis gesetzt wurde, antwortete er: »Wenn das so ist, kann ich das Salär nicht schicken. Seid nachsichtig.«

Der Fall Shida Kichinosuke

Kichinosuke sprach: »Wenn man zum ersten Mal rennt, bis man außer Atem ist, ist das eine schmerzhafte Angelegenheit. Wenn man nach dem Lauf zum Stehen kommt, ist das ein sehr gutes Gefühl, noch besser ist es, wenn man sich niedersetzt, und noch besser, wenn man sich niederlegt. Sogar noch besser ist es, wenn man sich auf sein Kissen legt und tief schläft. Genauso sollte das Leben eines Mannes sein. In jungen Jahren schindet man sehr, man wird damit vertraut, und erst im Alter oder wenn der Tod naht, legt man sich zum Schlafe nieder. Doch zuerst zu schlafen und sich erst dann bis ans Lebensende zu schinden, ist bedauerlich. Shimomura Rokurō erzählte diese Geschichte.« Kichinosuke sprach: »Für den Menschen ist es gut, wenn er sich abplackt.«

~

Wenn wichtige Dinge anstehen und man sich die Ohrläppchen mit Speichel reibt und tief durch die Nase ausatmet, ist man der Situation gewachsen, und es regelt sich alles von selbst. Das ist das Geheimnis. Auch wenn man schwindlig wird, hilft es, Speichel auf die Ohrmuscheln zu geben, sofort hat man wieder einen klaren Kopf.

~

Als Tzu-chan[26] von Cheng im Sterben lag, wurde er von jemandem gefragt, wie ein Land zu regieren sei. Tzu-chan antwortete: »Eine menschliche Regierung ist unübertroffen. Doch ein Land mittels Menschlichkeit zu regieren ist fast unmöglich. Wird diese Tugend nur halbherzig befolgt, ist man zu lasch. Sollte es zu schwierig sein, menschlich zu regieren, ist eine strenge Regierung zu bevorzugen. Wer streng regiert, verhindert schon im Vorfeld, dass Schlechtes eintritt. Streng zu sein, wenn das Schlechte bereits

26. Tzu-chan war ein weiser Staatsmann im Staate Cheng im alten China

aufgetreten ist, wäre, gleichsam erst dann die Schlinge aufzuhängen. Es ist bekannt, dass Feuer die Haut verbrennt, und dennoch gibt es nicht wenige, die immer noch falsch mit Feuer hantieren. Und nicht wenige sind ertrunken, weil sie das Wasser unterschätzt haben.«

~

Ein gewisser Mann sprach, dass er die Erscheinungsform von Vernunft und Unvernunft kenne. Als man ihn nach den Formen fragte, antwortete er: »Die Vernunft ist viereckig und selbst in extremen Situationen nicht zu bewegen. Die Unvernunft ist rund, kennt weder Gut noch Böse, Richtig oder Falsch und ist überall vertreten.«

~

Als sich Fukae Angen und ein Bekannter auf dem Weg zu dem Priester Tesshu aus Ōsaka befanden, sagte Angen zuerst im Vertrauen zu Tesshu: »Dieser Mann wünscht, von Euch unterwiesen zu werden. Er ist ein sehr guter Mensch.« Bei der Unterredung sagte Tesshu: »Angen ist ein Mann, der anderen Schaden zufügt. Er hat gesagt, dass dieser Mann ein guter Mensch sei, doch wo ist der gut? Ich konnte nichts Gutes an ihm finden. Man sollte andere niemals grundlos loben. Ob klug oder dumm, wer gelobt wird, neigt dazu, eingebildet zu werden. Deshalb kann man sagen, dass Lob nur Schaden anrichtet.«

~

Bei schlechtem Verhalten, das gleichzeitig einen schlechten Ruf nach sich zieht, sind Ermahnungen und Ratschläge angebracht, so als würde man eine Medizin bei einer bereits entstandenen Krankheit verabreichen. Wer aber auf seine Gesundheit achtet, wird schließlich nicht krank. Eine Gesundheitspflege nach dem Auftreten einer Krankheit, ohne darauf Zeit zu verschwenden, ist von großen Diensten. Noch bevor sich jemand entschließt, etwas Schlechtes zu tun, können Ermahnungen und Ratschläge wie eine Art Gesundheitspflege dienen.

~

Wer zwischen sich und den anderen streng unterscheidet, andere Menschen hasst oder mit ihnen ein falsches Spiel treibt, besitzt kein Mitleid. Wer teilnahmsvoll ist, bietet keine Angriffsfläche.

~

Tokunaga Zenuemons Klagen wegen des Alters

Zen'uemon pflegte zu sagen: »Selbst wenn heute eine Schlacht stattfände, kann ich wegen meines hohen

Alters nichts mehr ausrichten. Es wäre für mich das Schönste, in die Reihen des Feindes zu stürmen, dort erschlagen zu werden und zu sterben. Es ist bedauerlich, im Bett sterben zu müssen«, so klagte er immer wieder. Diese Klagen hatte der Mönch Gyōjaku gehört, als er noch ein Novize war. Der Lehrmeister des Mönchs Gyōjaku war der Priester Yōmon, der jüngste Sohn des Zen'uemon.

Die letzten Tage des Yamamoto Jin'uemon

Als Jin'uemon achtzig Jahre alt war und erkrankte, war er nahe daran zu stöhnen. »Wenn Ihr stöhnt, geht es Euch vielleicht besser, stöhnt doch einfach«, sagte jemand zu ihm. »Das kommt nicht in Frage. Der Name Yamamoto Jin'uemon ist überall bekannt. Ein Leben lang habe ich Stärke gezeigt, wie könnte ich da in den letzten Tagen meines Lebens andere mein Stöhnen hören lassen?« Bis zum Schluss gab er nicht einen Laut von sich.

Es ist ein Irrtum zu glauben, dass der Kern im »Buch der Wandlungen«, »I-ching«, die Divination ist, aber das ist nicht der Kern. Das Zeichen »I« wird im Japanischen als Wandlung gelesen. Die Divination kann, obgleich für das Glück ausgeführt, Unglück bringen, wenn man etwas Schlechtes tut. Und Unglück kann zum Glück werden, wenn man Gutes tut. Die Aussage des Konfuzius, dass er keine großen Fehler begangen hätte, wenn er den Wandel über Jahre hinweg studiert hätte, heißt nicht, dass er das I-ching studiert hätte. Wer die Essenz des Wandels studiert und über Jahre den Weg des Guten beschritten hat, kann keine Fehler begehen, so die Aussage eines gewissen Mannes.

~

Späte Reue

Es gibt nichts Schlimmeres als späte Reue. Wir sollten alle wünschen, dass wir später nichts zu bereuen haben. Wenn doch, dann haben wir unbedacht und ohne Vorausblick gehandelt, weil wir glücklich waren, übermütig, oder wir haben unbedacht etwas getan. Das soll uns nicht entmutigen, aber in glücklichen Zeiten sollten wir uns im Zaume halten.

~

Als der Taikō nach Nagoya[27] ging, war Herr Mondo mit der Unterdrückung eines Aufstandes beschäftigt.

27. In Hizen.

Fürst Naoshiges Ansicht war zu dieser Zeit, dass es leicht sei, einen Angriff, aber nicht eine Schlacht bis zum Ende zu führen. Obwohl es einfach sei, drei Länder[28] zu regieren, ist es unmöglich, über Generationen hinweg dort das Land unter Kontrolle zu halten. Dies kann man auf Dauer nur in einem einzigen Land.

~

Personen, die schlau erscheinen, sind nichts Besonderes, selbst wenn sie etwas Gutes tun, und wenn sie sich normal verhalten, denkt jeder, dass sie zu nichts taugen. Personen von freundlichem Wesen dagegen werden schon für die kleinste Kleinigkeit gelobt.

~

Das Wichtigste beim Sprechen ist nicht zu sprechen. Wer denkt, er könne etwas ohne zu sagen zu Ende bringen, dann soll er das auch ohne Worte tun. Wenn man allerdings nicht ohne Worte auskommt, muss man mit wohlgesetzten und wenigen Worten sich vernünftig ausdrücken können. Ohne Nachzudenken etwas zu sagen, bringt nur Schande, und man wird von seinen Mitmenschen gemieden.

28. Hideyoshi startete von Nagoya aus seinen Feldzug gegen Korea und wollte von dort aus China erobern.

~

Wer zu schnell Karriere macht und aufsteigt, macht sich andere zu Feinden und wird wertlos. Wer sich jedoch Zeit lässt, gewinnt viele Verbündete, und darüber hinaus wird dessen Glück noch verstärkt. Doch ganz gleich, ob schnell oder langsam, es wird nur gefährlich, wenn andere kein Verständnis aufbringen. Es ist von Vorteil, wenn das eigene Glück von anderen ausgeht.

KORREKTES VERHALTEN

Wer ein wichtiges Schriftstück oder einen Brief zu überbringen hat, sollte dieses auf seinem Weg fest in Händen halten und nicht eine Sekunde loslassen, bis er dieses Schriftstück direkt dem Empfänger aushändigen kann.

~

Mitunter ist es nötig, sich auf andere zu verlassen oder sie zu benutzen, um etwas zu bekommen. Sollte man andere wiederholt um einen Gefallen bitten, wird man mit der Zeit verächtlich behandelt, deshalb sollte man sich besser nicht auf andere verlassen, wenn man etwas tun muss.

~

Die Kalligraphie muss korrekt und nicht nachlässig ausgeübt werden. Wenn man die Vorschriften befolgt, wird die Schrift jedoch steif und unschön. Die Schönheit der Form erreicht man nur, indem man sich über die Normen erhebt, ein Prinzip, das auf alles anwendbar ist.

~

Wenn man darauf versessen ist, jemanden zu töten, es aber schwierig ist, auf diese Person geradewegs loszugehen, sollte man dennoch nicht lange hin und her überlegen. Je länger die Ausführung hinausgeschoben wird, desto mehr sinkt der Mut, und am Ende geschieht nichts. Der Weg des Kriegers bedeutet, schnell zu handeln und ungestüm zu sein. Wie in dem Fall, als eine gewisse Person sich auf dem Weg zu einer Sutrenlesung in Kawakami befand. Sie hatten ein Boot bestiegen, auf dem ein junger betrunkener Knappe den Bootsmann neckte. Als sie am Ufer angelangt waren, zog der Knappe sein Schwert, woraufhin ihm der Bootsmann mit einem Ruder einen Schlag auf den Kopf versetzte. Sofort kamen die Bootsleute mit Paddeln in der Hand angerannt, um den Knappen niederzuknüppeln. Sein Herr jedoch ging an ihnen vorbei, als wäre nichts gewesen. Daraufhin lief ein Knappe zurück und entschuldigte sich bei den Bootsleuten, beruhigte den betrunkenen Knappen und begleitete ihn zurück. An diesem Abend wurden dem Knappen die Schwerter abgenommen, so wurde berichtet. Zunächst war es falsch, den betrunkenen Knappen nicht zu schelten und ihn nicht gleich auf dem Boot zu beruhigen. Weil es ungerechtfertigt war, dass der Bootsmann den Knappen auf den Kopf schlug, gab es eigentlich keinen Grund für eine Entschuldigung. Der Herr des Knappen hätte sich beiden Parteien mit Worten der Entschuldigung nähern und dann beide niederschlagen sollen. Der Herr hatte sich in diesem Falle unvernünftig verhalten.

~

Letztendlich gibt es nur den einen Gedanken an den Augenblick. Das ganze Leben besteht aus einer Folge solcher Gedanken an den Augenblick. Wenn man sich dessen bewusst ist, gibt es keine anderen Aufgaben, nichts, wonach man suchen müsste. Getreu diesem Gedanken hat man sein Leben zu verbringen. Doch findet man kaum jemanden, der noch so denkt, denn jeder hat dieses Bewusstsein verloren.

Doch wer einmal begriffen hat, dass nur der Augenblick zählt, wird von dem Zeitpunkt an wie verwandelt sein, auch wenn er nicht immer danach handelt, aber er weiß, dass nur der Augenblick zählt. Dieser eine Gedanke ist die Grundlage der Loyalität.

~

Ōki, der vormalige Hyōbu ermahnt zur Tapferkeit

Wenn sich die Männer der Truppe von Hyōbu versammelten, pflegte dieser nach vollendetem Dienst zu sagen: »Junge Männer müssen fest entschlossen und tapfer sein. Wer in seinem Herzen tapfer ist, kann Dinge vollbringen. Wenn das Schwert gebrochen ist, kämpft man mit der bloßen Faust weiter, wenn die Hand abgeschlagen ist, drückt man den Feind mit der Schulter nieder. Wenn die Schulter gespalten ist, kann man noch zehn bis fünfzehn Männern das Genick durchbeißen.« Jedes Mal sprach er diese Worte.

SELBSTÜBERSCHÄTZUNG UND FEHLENDES SELBSTBEWUSSTSEIN

Personen, die nur wenig Ahnung von einer Theorie haben, werden alsbald arrogant und freuen sich, wenn sie als weltmännisch bezeichnet werden. Wer denkt, er sei einmalig und es gäbe keinen, der über ihm stehe, wird vom Himmel bestraft werden. Ganz gleich, wie begabt ein Mensch sein mag, wenn er von anderen nicht gelitten wird, ist er für den Dienst untauglich. Und wer im Dienst meist herablassend ist und sich darüber freut, dass seine Kameraden unter ihm stehen, wird von allen verachtet werden.

~

Obwohl Studien durchaus ihre Vorteile haben, sind sie dennoch häufig der Grund für Fehler, wie die Ermahnung des Priesters Konan. Es genügt, auf die Erfolge anderer zu blicken, um die eigenen Unzulänglichkeiten zu erkennen. Doch leider kommt dies nur selten vor. In den meisten Fällen schätzen wir unsere eigene Meinung zu hoch ein und finden Gefallen an Prinzipienreiterei.

~

Es gibt viele Menschen, die sich als vollwertigen Krieger sehen, wenn sie sich den Kriegskünsten zuwenden und Schüler aufnehmen. Doch bedauerlicherweise werden sie trotz all der Anstrengungen nichts weiter als Künstler. Als Künstler muss man gerade so viel lernen, dass man keinen Fehler macht. Doch im Allgemeinen wird ein Mensch, der auf vielen Gebieten bewandert ist, gering geschätzt, da er nur breites Wissen wichtiger Dinge besitzt und nicht mehr.

~

In China gab es einen Mann, der Drachenmuster sehr schätzte. Ob auf Gewändern oder Geräten, überall fand man Bildnisse des Drachen. Diese tiefe Zuneigung drang bis zum Drachengott vor, so dass er eines Tages wahrhaftig vor dem Fenster dieses Mannes erschien, der daraufhin vor Schreck tot umfiel. Wer im privaten Kreis prahlerisch spricht, verhält sich genau anders, wenn er mit der Realität konfrontiert wird.

~

Zu denken, man könne berühmten Personen nicht das Wasser reichen, ist Mutlosigkeit. Auch berühmte Personen sind nur Menschen wie du und ich. Wer einmal die Richtung eingeschlagen hat zu denken, er selbst sei weniger wert, wird alsbald auf diesem Weg weitergehen. »Der Weise[29] entschloss sich mit fünfzehn Jahren, sich dem Studium zu widmen. Doch nur weil er sich später den Studien widmete, war er noch lange kein Weiser«, sprach Ittei. »Wenn man zuerst eine Absicht hat, dann begreift, worum es geht, dann ist das die wahre Erkenntnis.«

~

Ein Mensch mit nur wenig Verstand kritisiert gerne seine Zeitgenossen, der Grund von Miseren. Ein verschwiegener Mensch ist in guten Zeiten zu gebrauchen, und in schlechten Zeiten wird er Bestrafung entgehen.

~

Wer wenig weiß, setzt eine Miene auf, als wäre er allwissend. Das ist Unwissenheit. Wer etwas weiß, lässt sich das nicht anmerken.

~

Kluge Menschen benutzen die Wahrheit und die Unwahrheit je nach Gutdünken, um ihre eigenen Ideen durchzusetzen. Darin liegt der Nachteil der Klugheit. Ohne die Wahrheit gelingt nichts.

~

29. Konfuzius.

Ein gewisser Gefolgsmann des Seitoku-in meinte einmal: »Der Herr hat keinen einzigen Menschen, auf den er sich verlassen kann. Nur ich allein, der ich für gewöhnlich kaum von Nutzen bin, würde mein Leben für den Herrn hingeben.« Das wiederum erregte den Zorn Seitoku-ins: »Es soll unter meinen Männern nicht einen geben, der sein Leben opfern würde? Was für eine Arroganz!«, empörte sich Seitoku-in. Man zog den Mann schnell beiseite, weil ihn Seitoku-in verprügeln wollte.

~

Der Priester Ryōzan schrieb eine allgemeine Abhandlung über die Waffenkunst Takanobus. Als ein Mönch dies sah, kritisierte er Ryōzan mit folgenden Worten: »Als ein Buddhist sollte man es tunlichst unterlassen, Bücher über das Militär zu verfassen. Ganz gleich, wie bewandert ein Buddhist auch in der Schreibkunst ist, kann er doch leicht die Gedanken großer Feldherrn missverstehen, weil er mit dem Weg der Tapferkeit nicht vertraut ist. Es wäre unziemlich, späteren Generationen die Taten eines großen Feldherrn auf falsche Weise zu berichten.«

~

Als Shimamura Shōun Dienst in der Burg tat, sprach der Fürst zu ihm: »Es ist eine große Freude, dass Fürst Katsushige für sein Alter so kräftig ist. Selbst beim Ringen gewinnt er gegen die älteren Gefährten.« Shōun antwortete darauf: »Obwohl ich schon alt bin, kann ich das Sitzringen immer noch am besten.« Er packte Fürst Katsushige und warf ihn so heftig zu Boden, dass es diesen schmerzte. Dann sagte er: »Solange Eure Knochen noch nicht gefestigt sind, solltet Ihr nicht auf Eure Kraft stolz sein, denn damit könntet Ihr Euch mit Schande bedecken. Ihr seid schwächer, als Ihr ausseht.« Dann zog er sich zurück.

GERECHTIGKEIT UND GÜTE

Der Rausch des Dieners für die Teezeremonie im Hause Taku

Der Diener für die Teezeremonie des Herrn Izu war sehr betrunken. In diesem Zustand kehrte er mitten in der Nacht nach Hause zurück, doch drang er in die Residenz des Ōta Tanuemon ein. Er ging in das Schreibzimmer und verwüstete dort das Rollbild, die

Tatami und Shōj. Bis hin zur Veranda schlug er alles kurz und klein. Niemand hatte ihn gesehen. Bei Morgendämmerung stand er auf der Westbrücke zur Taku-Residenz mit gezogenem Schwert, mit dem er herumfuchtelte. Das sah Kōjiro San'uemon, die Wache der Kōjiro-Residenz, der jeden Morgen die Residenz innen und außen inspizierte. Er packte ihn und brachte ihn heimlich nach Hause, damit er seinen Rausch ausschlafe. Als Herr Ōta am nächsten Morgen die Spuren der Verwüstung vorfand und sein Verdacht sich nicht aufklären ließ, beratschlagte er sich mit allen, damit die Sache bekannt werde. Auch im Hause Taku wurde der Vorfall publik, und nach einer Untersuchung gestand der Diener für die Teezeremonie. Weil er ein Gefolgsmann, *kerai,* war, sollte er mit dem Tode dafür büßen. Herr Izu sprach: »Zuerst sollte man Mäßigung walten lassen. Zugleich kommen wir dem Wunsch unseres Ziehvaters nach, sieben Jahre lang keine Todesurteile zu vollstrecken. Herr Gen'uemon möge mit seinen Brüdern die Angelegenheit beraten.« Diese Anordnung wurde in der Burg bekannt, und Gen'uemon sprach, dass man nun nicht einmal mehr schimpfen könne. »Die Anordnung des Taku Izu-no-kami, nach der etliche private

Gefolgsleute eine Strafe nicht verhängen, ist unpassend. Jetzt wird auch der Dienst nicht möglich sein.« Auf diese Weise wurde er gerettet.

Später änderte Herr Izu seinen Namen in Iyo. Er war wegen seiner tiefen Güte überall sehr beliebt, auch beim einfachen Volk. Als er im Sterben lag, kamen vom Dorfschulzen und den Dörfern Gebete. Jetzt ist er unter seinem buddhistischen Namen Yūsan besser bekannt.

~

Fukahori Magoroku wird von einem Gefolgsmann versehentlich getroffen

(Der spätere Name war Nabeshima Shichizaemon.) Zu der Zeit, als Magoroku noch als zweiter Sohn im Hause seiner Eltern lebte, ging er in Fukahori auf die Jagd. Ein Gefolgsmann hielt ihn im Dickicht versehentlich für einen Eber und schoss mit der Muskete. Er traf Magoroku ins Knie, und dieser fiel aus großer Höhe. Der Gefolgsmann erschrak, entblößte seinen Leib und wollte sich auf der Stelle den Bauch aufschlitzen. Doch Magoroku sprach zu ihm: »Ihr könnt Euch später immer noch entleiben. Doch im Augenblick geht es mir schlecht. Bringt mir lieber etwas Wasser!« Der Gefolgsmann rannte davon. Nachdem

Magoroku das rettende Wasser getrunken hatte, ging es ihm besser. Der Gefolgsmann wollte daraufhin sofort Selbstmord begehen, doch Magoroku hielt ihn energisch zurück. Er überließ den Mann einer Wache und sprach zu seinem Vater: »Verschont ihn.«

Kanzaemon sprach zu dem Manne: »Da es ein Versehen war, braucht Ihr Euch nicht zu grämen. Seid so frei und macht weiter wie bisher.«

~

Nakano Kazuma sprach sich in der Beratung über einen Verurteilten dafür aus, die Strafe entsprechend der Tat um eine Stufe niedriger ausfallen zu lassen. Er war ein Ausbund an geheimer Weisheit. Zu dieser Zeit warteten ein Dutzend Männer auf ihre Verurteilung, Kazuma war der Einzige, der den Mund aufmachte. Man nannte ihn »Herr der fünfundzwanzig Tage[30]« und »Zeremonienmeister«.

~

Einst trat eine Versammlung zusammen, um die Beförderung eines Mannes zu erörtern, der zuvor durch Trunkenheit außer sich geraten war. Als die Versammlung bereits beschließen wollte, dass er nicht zu

30. Hier im Sinne von Initiator. Nach fünfundzwanzig Tagen wird ein Fass mit eingelegtem Gemüse geöffnet.

gebrauchen sei, sprach einer von ihnen: »Wer jeden aufgibt, der einmal eine Verfehlung begangen hat, kann keine brauchbaren Männer bekommen. Jeder, der einmal eine Verfehlung begangen hat und diese später bereut, wird meist achtsam und deshalb von Nutzen sein. Deshalb trete ich für eine Beförderung ein.« Daraufhin entgegnete ein anderer: »Wollt Ihr für diesen Mann bürgen?« »Selbstverständlich«, sagte der Erste. Daraufhin fragten die anderen: »Warum wollt Ihr für diesen Mann einstehen?« »Ich stehe für ihn ein, weil er erst einmal gefehlt hat. Wer noch nie gefehlt hat, ist gefährlich.« Daraufhin wurde der Mann befördert.

~

Fürst Naoshige entzündete in einer kalten Nacht das Kotatsu und erklärte Yōtaisei-in[31], warum er dies tat. »Nun, es ist kalt. Bei einem Kotatsu zu sitzen ist zwar unerträglich, doch womit kann die einfache Bevölkerung die Nacht verbringen? Gibt es unter ihnen jemanden, der darüber hinaus Schwierigkeiten haben kann?« »Wahrhaftig, ein Kotatsu kann die Kälte zwar nicht abhalten, doch die einfachen Leute kön-

31. Die zweite Frau Naoshiges.

nen nicht einmal ein Kotatsu haben«, sprach Yōtaiseiin. »Deshalb legen sie sogar Strohfeuer und Ähnliches in eine Feuerkiste, um sich wärmen zu können. Wie sollten sie sich sonst behelfen können?«, brachte sie ihre Kritik vor. »Schwierigkeiten dürften noch die Menschen im Gefängnis haben. Sie haben kein Feuer, keine Wände, die Kleidung ist dünn, und sie haben auch nichts zu essen. Ist das nicht erbärmlich?«, sagte der Fürst, woraufhin seine Frau antwortete: »Wie viele Menschen sitzen im Gefängnis? Dann lasst etwas daran ändern.« Der Befehl ging durch alle Instanzen, und mitten in der Nacht wurde in der Küche noch Reisbrei zubereitet und den Gefangenen dargeboten, die sich unter Tränen bedankten.

~

Herr Kanemaru sprach: »Ein Todesurteil sollte nicht sofort ausgesprochen werden, sondern wohl überlegt sein, und, wenn möglich, in eine Gefängnisstrafe umgewandelt werden.

ERZIEHUNG

Die Erziehung eines Samuraikindes sollte folgendermaßen aussehen: Zunächst sollte der Mut von Kindesbeinen an gefördert werden, wobei von Anfang an Erschrecken und Einschüchterung vermieden werden sollten. Wer in jungen Jahren verängstigt wurde, wird diese Narben ein Leben lang behalten. Es ist töricht, wenn Eltern ihren Kindern Furcht vor Blitzen anerziehen oder sie nicht an dunkle Orte gehen lassen sowie ihnen schreckliche Dinge erzählen, damit sie aufhören zu weinen. Ferner wird ein Kind schüchtern, wenn es heftig geschimpft wird. Ferner darf schlechtes Verhalten nicht zur Gewohnheit werden. Wenn es erst einmal Gewohnheit ist, ist nichts mehr zu korrigieren. Die Aufmerksamkeit soll schrittweise auf eine korrekte Sprechweise und das richtige Verhalten gelenkt werden, um Selbstsucht vorzubeugen, und außer dieser Erziehung wird sich das Kind entsprechend seiner Natur gut entwickeln. Wenn das Verhältnis zwischen den Eltern gestört ist, wird sich naturgemäß im Kinde keine kindliche Pietät entwickeln. Selbst die Tiere werden ab ihrer Geburt durch ihre Umgebung beeinflusst und geprägt.

Das Verhältnis zwischen Vater und Kind kann durch die Einfältigkeit der Mutter schlecht werden. Eine Mutter liebt ihr Kind über alles, sie nimmt das Kind gegenüber den Ansichten des Vaters in Schutz, und da sie dem Kind beisteht, entsteht zwischen Vater und Kind Disharmonie. Die Frau, einfältig wie sie ist, sieht in dem Kind nur eine Stütze ihrer alten Tage.

~

In der Erziehung eines Knaben muss zuerst sein Mut gefördert werden. Bereits in der Kindheit muss er erlernen, seine Eltern als seine Herren zu akzeptieren, und sich unablässig in Höflichkeit und Anstand üben, im Dienst anderen gegenüber, in der Sprechweise, im Durchhaltevermögen und in der richtigen Gangart. Auch die älteren Gefolgsleute wurden in dieser Art erzogen. Wird ein Knabe nachlässig, ist er auszuschimpfen und darf den ganzen Tag nichts essen. Das ist auch die Unterweisung für einen Gefolgsmann. Mädchen müssen von klein auf lernen, sich zuallererst in Bescheidenheit zu üben. Sie müssen zu einem Mann mindestens zwei Meter Abstand halten und ihm mit gesenktem Blick begegnen, auch dürfen sie nie direkt Dinge aus der Hand eines Mannes nehmen. Mädchen dürfen nicht zu Besichtigungen noch zum Tempel gehen. Eine Frau, die streng erzogen wurde, ist es gewöhnt, Schwierigkeiten zu ertragen und ihnen nicht aus dem Wege zu gehen. Bei den unteren Klassen muss mit Strafe und Lob gearbeitet werden. Wenn man mit ihnen zu lasch umgeht, werden sie selbstsüchtig und später zu Kriminellen. In dieser Hinsicht muss man sehr vorsichtig sein.

~

Der frühere Jin'uemon sagte, dass es ratsam sei, keine Töchter großzuziehen, da sie Schmach über den Familiennamen brächten und Schande über die Eltern. Die älteste Tochter wäre eine Ausnahme, die Übrigen könnte man getrost beiseite lassen.

~

Iwamura Kuranosukes Ansichten

Als Fürst Tsunashige noch ein Kind war, versah Kuranosuke den Dienst eines Toshiyori. Eines Tages sah Kuranosuke, dass vor dem jungen Fürsten Goldstücke lagen, und fragte deshalb, was das solle. Der dem Fürsten aufwartende Gefolgsmann sagte daraufhin: »Weil dem Fürsten zu Ohren kam, dass ein Tributgeschenk überreicht worden sei, und er dies noch nicht zu sehen bekam, habe ich es vor ihm ausgebreitet.« Als Kuranosuke dies vernahm, sprach er streng zu dem Manne: »Solch verachtenswerte Dinge vor eine Person hohen Ranges zu legen ist ein Zeichen außerordentlicher Nachlässigkeit. Ihr solltet besser nachdenken, bevor Ihr solche Nichtigkeiten dem jungen Fürsten zeigt. Ein Gefolgsmann, der dem Fürsten aufwartet, muss so etwas wissen.« Als Fürst Tsunashige ungefähr zwanzig Jahre alt war, begab er sich zur Residenz in Naekiyama, um sich dort zu amüsieren. Als er bereits nahe der Residenz war, verlangte er nach einem Stock. Miura Jibuzaemon, sein Sandalenträger, machte flugs einen Stock, doch gerade als er ihn dem jungen Fürsten überreichen wollte, sah dies Kuranosuke, entriss ihm den Stock, zerbrach ihn und warf ihn fort. Dann schalt er Jibuzaemon: »Wollt Ihr aus einer so wichtigen Person wie dem jungen Fürsten einen Lahmen machen? Selbst wenn er es will, solltet Ihr ihm keinen Stock geben. Das ist nachlässig von Euch.« Später stieg der bereits genannte Jibuzaemon zum Teakiyari auf. Dass Jibuzaemon ausgezankt wurde, kam Tsunetomo direkt zu Ohren.

GESUNDER MENSCHENVERSTAND UND URTEILSVERMÖGEN

Aufgrund der Natur eines jeden gibt es Menschen mit rascher Auffassungsgabe und solche, die sich zurückziehen und erst einmal gründlich nachdenken müssen. Betrachtet man die Gründe eingehend, so ergeben sich, obwohl von Natur aus unterschiedlich, unerwartete Weisheiten, wenn man selbstlos denkt und die vier Schwüre[32] einhält. Obgleich viele denken, dass sie, wenn sie gründlich nachdenken, selbst zukünftige Aufgaben erdenken könnten, bewirken sie nichts als falsches Wissen, und es kommt nichts Gutes dabei heraus, da sich ihr Denken im Grunde nur um das eigene Ich dreht. Selbstlos zu werden ist für einen dummen Menschen schwierig. Aber wenn man mit einer Sache konfrontiert wird, sollte man diese zunächst links liegen lassen, im Herzen die vier Schwüre noch einmal vergegenwärtigen, das Selbst beiseite lassen und sich konzentrieren, dann kann nichts mehr schief gehen.

~

32. Schwur des Nabeshima-Clans.

Da wir die meisten Dinge nur mit halbem Verstand tun, kehren wir der göttlichen Ordnung den Rücken, weshalb Schlechtes die Folge ist. Von außen betrachtet, ist dies unanständig, schwächlich, engstirnig und ohne Erfolg. Wer über die wahre Weisheit nicht verfügt, tut gut daran, kluge Menschen um Rat zu fragen. Ein solcher Mensch steht über der Sache und über mir, weshalb man ihn, wenn er selbstlos und mit aufrichtigem Verstand entscheidet, als einen Menschen bezeichnen kann, der dem Weg folgt. Von außen betrachtet, wirkt dies sehr bodenständig, so wie ein großer Baum viele Wurzeln hat. Der Verstand eines Menschen ist wie ein aufrecht stehender Baum.

~

Die Ansichten anderer zu korrigieren ist von großer Bedeutung und steht an erster Stelle der Güte und des Dienstes. Die Art und Weise der Ansicht ist jedoch das Schwierige. Es ist einfach, das Gute und Schlechte in einem Menschen herauszufinden. Zu diesen Eigenschaften eine Meinung zu haben ist ebenfalls einfach. Meist denkt man, es sei freundlich von ihnen, die Dinge auszusprechen, die andere verachten oder nur schwer in Worte fassen können, doch wenn dies falsch aufgefasst wird, strengen sie sich nicht weiter an. Das bringt keinen Nutzen. Es ist genauso, als brächte man Schande über jemanden, indem man ihn beleidigt. Es ist so, als würden wir nur unserem Herzen Luft machen. Bevor man jemandem seine Ansichten mitteilt, muss man zuerst erkennen, ob derjenige bereit ist, diese anzunehmen oder nicht, und außerdem mit ihm eng vertraut sein, damit er unseren Worten Glauben schenkt. Wenn es um Dinge geht, die ihm wichtig sind, bemühe man sich um die richtige Herangehensweise, bedenke den Zeitpunkt, ob schriftlich oder bei einem Abschiedsbesuch, oder man spreche über die eigenen Fehler, ohne dabei über dessen zu sprechen, die der gleichen Art sind. Oder man stelle zuerst dessen guten Seiten heraus und unterstütze ihn mit einfachen Beispielen, und er wird – wie ein durstiger Mann Wasser trinkt – diese Ansichten in sich aufnehmen. Dies ist außergewöhnlich schwierig. Wenn es sich um ein jahrelang bestehendes Fehlverhalten handelt, wird es nicht zu korrigieren sein. Diese Erfahrung habe ich selbst gemacht. Mit allen Gefährten vertraut zu sein, Fehler zu verbessern und eins zu sein mit dem Fürsten, in dessen Dienst man steht, ist die große Hingabe an sich. Doch wenn die Schande noch hinzukommt, wie könnte man sie bessern?

~

Wenn man in einem Gasthaus logiert, empfiehlt es sich, zuerst im Inneren die Fluchtwege genau zu studieren und danach die Bauweise, damit man im Falle eines Feuers weiß, in welche Richtung man fliehen muss. Wer in einem Haus wohnt, muss die Wände, Lichtschächte, den Boden, die Schiebetüren, die Veranda und Tatami in seine Überlegungen einbeziehen. Doppelte Wände und Nachtigallenböden sollten angefertigt werden, ferner könnten Wandöffnungen unter dem Rollbild in der Nacht Diebe zum Einsteigen verführen. Darauf ist auch beim Quartier eines Daimyō zu achten. In Zeiten der Ruhe kann man, ohne Spuren zu hinterlassen, dies ausführen.

~

Für den letzten Vers des Gedichts »Wenn du dein Herz fragst, was ist die Antwort« sollte man dankbar sein. Viele Menschen trugen diesen Vers auf den Lippen, und man kann ihn in eine Reihe mit dem *Nembutsu* stellen. Die heutigen so genannten klugen Menschen schmücken sich außer mit Weisheit nur mit zweideutigen Dingen, weshalb sie noch niedriger als dumme Menschen sind. Dumme Menschen sind direkt. Wenn man, wie im genannten letzten

Vers, sein Herz erforscht, gibt es keine Geheimnisse. Es ist eine gute Prüfung. Wer sich dieser Prüfung unterzieht, braucht sich für nichts zu schämen.

»Anderen zu sagen, es hat nichts zu bedeuten, reicht nicht aus, frage dein Herz, wie wird es antworten?«

~

An der Wand von Fürst Naoshige war Folgendes geschrieben: »Überlegungen bei großen Angelegenheiten sollten leicht genommen werden.« Itteis ging in seinem Kommentar so weit zu sagen: »Überlegungen kleiner Dinge sollten ernst genommen werden.« Es sollte nicht mehr als zwei oder drei so genannte wichtige Angelegenheiten geben. Wenn man im täglichen Leben diese Dinge sorgfältig prüft und betrachtet, wird man sie verstehen. Und wenn man sie voraussehend plant, kann man sie als leicht hinnehmen, wenn sie an der Zeit sind. Wenn man sich jedoch dessen nicht bewusst ist, wird es schwierig, eine leichte Unterscheidung zu treffen, wenn man damit konfrontiert wird, weil man keinen richtigen Plan hat. Wer jedoch bereits zuvor den Grundstein gelegt hat, ist in der Lage gemäß des Mottos »Überlegungen bei großen Angelegenheiten sollten leicht genommen werden« zu handeln.

~

Eine gewisse Person kehrte nach vielen Jahren des Dienstes nach Ōsaka zurück. Als er im Amt erschien und sich im Kyōto-Dialekt ausdrückte, wurde er Gegenstand allgemeinen Gelächters. Wer lange Zeit in Edo oder im Gebiet von Kyōto verbringt, sollte häufiger in seinem eigenen Dialekt sprechen. Es ist ganz normal, dass man sich in fremder Umgebung den dortigen Sitten anpasst, aber wenn man die Belange der eigenen Heimat als ländlich abwertet und andernorts selbst den geringsten Argumenten folgt, ist das bedauerlich, unüberlegt und töricht. Es ist geradezu ein Schatz, dass die eigene Heimat noch ländlich und unbefangen ist. Fremde Sitte nachzuahmen ist nichts anderes als ein Nachäffen. Jemand sagte zu Shungaku: »Die Lotusschule ist nicht gut, weil sie ihrem Wesen nach Furcht erregend ist«, woraufhin Shungaku erwiderte: »Wenn die Furcht erregende Lotusschule nicht Furcht erregend wäre, wäre sie eine gänzlich andere Schule.« Das ist einleuchtend.

~

Durch Ungeduld erreicht man nichts, man muss den richtigen Zeitpunkt abwarten können. Geduld ist das Wichtigste. Wenn man denkt, die Zeit ist reif, muss man schnell reagieren, wer jedoch erst lange abwägt, wird keinen Erfolg haben. Man muss von Anfang an mit ganzem Herzen bei der Sache sein. Und selbst Höflichkeit und Interesse sind wichtig. In solchen Zeiten ist schon ein einziges Wort von großer Bedeutung. Auf jeden Fall ist es wichtig, die Energie zu zügeln.

~

Wer einen Auftrag erhält, gleich ob zum eigenen Glück oder Unglück, und sich wortlos zurückzieht, zeigt damit seine Verwirrtheit. Man sollte die passende Antwort parat haben, und es ist wichtig, bereits vorher Kenntnis zu besitzen. Darüber hinaus kann es verhängnisvoll sein, wenn, wie bei so vielen Menschen, sich die Freude oder der Stolz auf die erteilte Aufgabe, die auszuüben ist, sich auf dem Gesicht widerspiegelt. Ein anderer Mensch, der seine eigenen Fehler kennt und denkt, er sei ungeschickt, wird sich, wenn ihm etwas angetragen wird, fragen, wie er das überhaupt schaffen soll und ob nicht große Schwierigkeiten daraus erwachsen werden. Obgleich er seine Gedanken nicht ausspricht, sieht man sie seinem Gesichtsausdruck an. Das ist Bescheidenheit. Durch Unbeständigkeit und Leichtfertigkeit irren wir vom

Wege ab, zeigen uns als Anfänger und richten dadurch Schaden an.

~

Wer in seinen Entschlüssen und Gedanken oberflächlich ist, wird von anderen vereinnahmt. Wer bei einer Versammlung nicht bei der Sache ist, wird aufgrund der eigenen Unachtsamkeit vor lauter Zerstreutheit annehmen, dass der Sprecher die eigene Meinung wiedergibt, und indem man ihm zustimmt, sieht es für Außenstehende so aus, als ob man mit dieser Person einer Meinung wäre. Deshalb darf man nicht eine Sekunde unaufmerksam sein, wenn man andere trifft. Darüber hinaus sollte man stets auf der Hut sein, wenn einem etwas erzählt wird, damit man nicht in irgendetwas hineingezogen wird, und wenn man mit etwas nicht einverstanden ist, muss man dies deutlich aussprechen und sagen, was den tatsächlichen Sinn einer Sache ausmacht. Egal, wie unwichtig eine Sache ist, es können doch daraus Fehler entstehen. Daran sollte man immer denken. Gleichzeitig ist es empfehlenswert, nicht mit Menschen zu eng zusammenzukommen, die irgendwie fragwürdig sind, denn ganz gleich, was auch sein mag, es besteht die Möglichkeit, durch diese Personen in eine Sache hineingezogen zu werden. Jede noch so kleine Angelegenheit muss verantwortet werden.

~

Es heißt, man dürfe sich nicht scheuen, einen Fehler zu korrigieren. Wer sich sofort verbessert, dessen Fehltritt wird rasch in Vergessenheit geraten. Wer dagegen seinen Fehler zu vertuschen sucht, wird immer mehr Bitternis erfahren. Wenn man verbotene Worte ausspricht, dann aber sofort seine Meinung offen legt, wird von diesem Verstoß nicht das Geringste zurückbleiben und den Geist nicht behindern. Falls aber jemand deshalb den anderen darob tadelt, sollte man sich zuvor folgende Antwort zurechtlegen: »Ich habe die Gründe für meine falsche Redeweise dargelegt, mehr kann ich dazu nicht sagen. Und da ich es unabsichtlich sagte, ist es so, als hättet Ihr es nicht vernommen. Jeder ist belehrbar.« Über andere Personen oder Geheimnisse anderer sollte man normalerweise nicht sprechen. Ferner sollte man nur dann ein Wort sagen, wenn man sein Gegenüber einschätzen kann.

~

Es ist empfehlenswert, bis zum Alter von vierzig Jahren Weisheit und Unterscheidungsvermögen beiseite zu lassen und sich lieber in der Steigerung der Kraft zu üben. Abhängig von der Person und dem Rang, den sie bekleidet, kann man sagen, dass derjenige, der bereits die vierzig erreicht hat, aber kraftlos ist, auf niemanden Eindruck macht.

~

Je nach Schwere einer Sache, die mich selbst betrifft, muss ich auf Grundlage meiner eigenen Urteilskraft ohne nachzudenken vorpreschen können, sonst gelingt das Ganze nicht. Bei Erörterungen wichtiger Angelegenheiten kommt es sehr häufig vor, dass nichts Konkretes gesagt wird. Dann ist es an mir, die Lage richtig zu beurteilen. Wenngleich man sich sehr irren kann, so ist es doch genug, die Sache dadurch in Ordnung zu bringen, dass man sich selbst opfert. Wer aber darüber nachdenkt, wie eine Sache am besten auszuführen sei, wird bald von Zweifeln geplagt, was in den meisten Fällen zu einem Misserfolg führt. Meistens wird man zu Fall gebracht oder ins Verderben gezogen, weil ein Gefährte zu viel Rücksicht auf einen nahm.

~

Der Priester Tannen pflegte Windglöckchen aufzuhängen. »Ich hänge sie nicht wegen ihres Klanges auf, sondern damit sie mir im Falle eines Feuers die

Windrichtung anzeigen. Wer wie ich einen großen Tempel zu versorgen hat, fürchtet sich vor Feuer«, sprach er. Wenn es windig war, machte er selbst einen Rundgang durch den Tempel. Sein Leben lang erlosch das Feuer in seinem Kohlebecken nicht, und er hatte neben seinem Kopfkissen stets eine Laterne und einen Feuerstein vorbereitet. »In Zeiten des Durcheinanders ist sonst niemand da, der sofort ein Feuer entzünden kann«, sprach er.

~

Ein Mann mit Tugend ist in seinem Herzen gelassen und geht alles mit Bedacht an. Ein Mensch ohne Qualitäten findet keine Ruhe und wankt hin und her.

~

Irgendjemand sagte einmal: »Es gibt zwei Arten der Veranlagung, die introvertierte und die extrovertierte. Wem beides fehlt, ist ein nutzloser Mensch. Es ist wie mit einer Schwertklinge, die man schärft, damit sie schneidet, und dann in die Scheide steckt. Es empfiehlt sich, sie hin und wieder herauszuziehen, einen entschlossenen Gesichtsausdruck wie im Kampf anzunehmen, sie abzuwischen, als wäre sie blutgetränkt, und dann wieder in die Scheide zu stecken. Wer nur extrovertiert ist, gleicht einem Manne, der mit gezogener Waffe herumfuchtelt, so dass niemand ihm zu nahe kommt und er deshalb nicht einen Verbündeten hat. Wenn das Schwert nur in der Scheide steckt, wird es rostig und stumpf, und genauso denken die anderen über dessen Träger.«

~

Die Ungeduld vieler Menschen verhindert Großes und richtet nur Schaden an. Wer eine Sache gründlich überdenkt, wird sie rasch ausführen können. Die Zeiten ändern sich. Lasst uns fünfzehn Jahre vorausblicken. Die Welt muss anders sein. Auch wenn es heißt, das Ende der Welt sei gekommen, macht dies keinen Unterschied. Von denen, die heute noch in Diensten stehen, wird keiner mehr da sein. Von den jungen Männern, die ihren Dienst erst anfangen, wird kaum die Hälfte noch da sein. Allmählich verfällt alles, und es ist gleichsam so, dass Silber wertvoll wird, wenn Gold knapp ist, und Kupfer an Wert gewinnt, wenn Silber knapp ist. Weil die Qualitäten der Menschen entsprechend den Zeitumständen nachlassen, wird sogar derjenige brauchbar, der sich nur einmal anstrengt. Fünfzehn Jahre vergehen wie im Traum. Wer auf seine Gesundheit achtet, wird schließlich seine wahre Bestimmung erreichen und der Sache dienlich sein. In Zeiten vieler namhafter Persönlichkeiten muss man sich besonders anstrengen. In Zeiten des Verfalls ist es leicht, sich von der Masse abzuheben.

HYGIENE UND GEPFLEGTES ÄUSSERES

Der gepflegte Krieger ist nach wie vor einmalig. Als er in der Schlacht fiel, war er ungefähr siebzig Jahre alt. Es war Kimura Nagamon-no-kami, der sein langes Haar parfümierte und dann in der Schlacht den Tod fand. Ein Krieger muss besonders geschmackvoll sein. Sich zu parfümieren bedeutet, sich zuerst mit Wasserdampf zu befeuchten und danach Parfüm aufzutragen, damit es lange hält. Man kann auch das Lendentuch parfümieren, indem man es in einen Porzellanbottich mit kaltem Badewasser taucht. Um seinen Fächer zu parfümieren, hält man ihn geöffnet über Dampf, danach parfümiert man ihn über die ganze Breite. Auch das Holz des Fächers kann mit Nelkenöl parfümiert werden. Eine Lunte kann mit

Aloeholz entzündet werden, das zuvor ins Feuer gelegt wurde.

Für die Pflege der äußeren Erscheinung ist es empfehlenswert, täglich in den Spiegel zu schauen, was eine Sache der Sorgfalt ist. Weil die meisten Menschen nicht gerne in den Spiegel schauen, ist ihr Äußeres ungepflegt. Die Sprachfähigkeit übt man durch Sprechen in den eigenen vier Wänden. Literarische Übungen erstrecken sich auf einzeilige Briefe und Entwürfe. Es empfiehlt sich, das Vorgenannte in abgeschiedener Strenge durchzuführen. Ryōzan vernahm, als er im Gebiet von Kyōto weilte, man solle bei einem Brief denken, dass der Empfänger diesen als Hängerolle benutzen werde.

LEBENSLANGES LERNEN

Ittei sagte einst: »Eine gute Vorlage zu kopieren und sich beständig zu bemühen kann aus einem schlechten Schreiberling noch einen guten Kalligraphen machen. Wenn sich ein Gefolgsmann einen guten

Gefolgsmann als Vorbild nimmt, kann aus ihm etwas werden. Doch heute gibt es keine vorbildlichen Gefolgsleute mehr. Deshalb müsste ein Vorbild geschaffen werden, das kopiert werden kann. Um dies zu bewerkstelligen, ist es nötig, von vielen Menschen das Beste zu nehmen, wie Pünktlichkeit und Anstand, Tapferkeit, die richtige Art zu sprechen, korrektes Verhalten und Höflichkeit. Wählt man nur das Gute aus, ist es möglich, ein Vorbild zu erschaffen. Ein Lehrling, der an die Kunstfertigkeit seines Meisters nicht heranreicht, wird nur das Schlechte kopieren, was keinen Vorteil bringt. Es gibt Menschen, die pünktlich sind, aber unaufrichtig. Wer einen solchen Menschen nachahmt, wird wahrscheinlich nur die Unaufrichtigkeit kopieren und die Pünktlichkeit übersehen. Wer sich dem Guten zuwendet, wird deshalb nur das Gute als Lehrmodell haben.«

~

Es ist schwierig, aus dem Widerwillen gegen Ungerechtigkeit heraus rechtschaffen zu sein. Doch gerade wenn man glaubt, dass es immer nur richtig ist, vernünftig zu handeln, und nur die Rechtschaffenheit schätzt, kann man viele Fehler begehen. Es gibt einen Weg jenseits der Rechtschaffenheit. Es ist sehr schwierig, diesen zu erkennen. Wer das erreicht, ist besonders weise. Unter diesem Gesichtspunkt hat Rechtschaffenheit wenig Substanz. Das kann man nur erkennen, wenn man es am eigenen Leibe erfahren hat. Wenn man dies aber nicht selbst entdecken konnte, gibt es dennoch Methoden, um diesen Weg zu finden. Die Lösung ist, Gespräche zu führen. Auch ein Mensch, der den Weg nicht erkunden konnte, kann von seinen Nächsten lernen. Wie es im Go-Spiel heißt: Ein Kiebitz kann unvoreingenommen urteilen. Auch das Sprichwort »Im Grübeln erkennt man die Fehler« trifft auf Gespräche zu. Aus Erzählungen und Schriften zu lernen bedeutet gleichzeitig, die ichbezogenen Unterscheidungen zu verwerfen, um den alten Lehren zu folgen.

~

Ein gewisser Meister des Schwertes sprach, als er bereits alt war:

»Während des Lebens gibt es mehrere Abschnitte des Studiums. Auf der unteren Stufe des Studiums erreicht man nichts und hält sich und andere für ungeschickt. In dieser Phase ist man zu nichts nütze. Obgleich man auf der mittleren Stufe noch immer zu nichts zu gebrauchen ist, erkennt man seine eigene

Unzulänglichkeit und die der anderen. Auf der oberen Stufe entsteht ein gewisser Stolz auf die eigenen Leistungen, man erfreut sich am Lob der anderen und beklagt die Unzulänglichkeit der Menschen. Ein solcher Mann ist zu gebrauchen. Auf der obersten Stufe weiß man, dass man nichts weiß. Man betrachtet auch die anderen als geschickt. Das sind im Allgemeinen die verschiedenen Stufen. Doch darüber hinaus gibt es eine weitere Stufe, die dem Weg gleichwertig ist. Wer tief auf diesem Weg vordringt, wird schließlich erkennen, dass er nichts zuwege gebracht hat. Er erkennt seine tatsächliche Unzulänglichkeit und denkt, dass er in seinem Leben nichts erreicht hat, weshalb er stolze Gedanken nicht kennt, sondern mit demütigem Sinn den Weg zu Ende geht. Meister Yagyū soll einst gesagt haben: ›Ich kenne nicht den Weg, die Menschen zu besiegen, ich kenne den Weg, mich selbst zu besiegen.‹ Indem man von Tag zu Tag geschickter wird, schreitet man sein ganzes Leben lang täglich fort, eine nie enden wollende Angelegenheit.«

~

Es gab einen gewissen Speermeister, der, als er im Sterben lag, seinen besten Schüler zu sich rief und ihm seinen letzten Willen anvertraute: »Ich habe dir den Stil und die Geheimnisse meiner Schule übermittelt, so dass es jetzt nichts weiter dazu zu sagen gibt. Falls du Schüler zur Ausbildung anzunehmen gedenkst, solltest du jeden Tag mit dem Bambusschwert üben. Sieg oder Niederlage sind nichts Besonderes.« Ferner gab es einen Renga-Dichter, der anwies, sich einen Tag vor einem Wettstreit innerlich zu sammeln und Gedichtbände zu lesen. Das ist die Konzentration auf eine Sache. Jede Aufgabe sollte mit Konzentration getan werden.

~

Ein Leben lang eine bestimmte Haltung einzunehmen ist schlecht. Fehler entstehen, wenn man sich zuerst anstrengt und sobald man ein gewisses Verständnis erreicht hat, bei diesem stehen bleibt. Sich anzustrengen bedeutet, zunächst die Samen auszusäen und sie danach zur Reife zu bringen, eine solche Übung darf ein Leben lang nicht aufhören. Man sollte auf keinen Fall bei dem gewonnenen Wissen verharren, sondern stets denken, dass dies noch nicht alles ist. Ein Leben lang sollte man danach suchen, wie man dem Weg am besten entsprechen könne. Er sollte sich den Studien hingeben, ohne das einmal Verstandene aufzugeben. Das ist der Weg.

ÜBER DEN UMGANG MIT ANDEREN

Bei einer Beratung ist es angebracht, dass zunächst jeder Einzelne seine Ansicht vorträgt, danach diejenigen, die einverstanden sind, sich zusammentun und eine Entscheidung gefällt wird. Wenn nicht, entsteht Groll. Bei wichtigen Angelegenheiten empfiehlt es sich, dass Außenstehende im Geheimen die Sache beurteilen. Wer keine Verantwortung trägt, hat leicht reden. Wenn man mit jemandem spricht, der nur an sich selbst denkt, ist das ohne jeden Nutzen.

~

Wer seinen Neigungen nachgeht und unbedacht spricht, gilt als leichtfertig und unaufrichtig. Man sollte, wenn ein solcher Fall eingetreten ist, der Wahrheit ins Gesicht sehen und offen darüber sprechen. Die Wahrheit, die im eigenen Herzen ruht, wird dann ans Licht kommen. Bei einem leicht hingeworfenen Gruße muss man die Umstände bedenken, um danach mit derjenigen Person darüber zu sprechen, ohne deren Gefühle zu verletzen. Spricht jemand kritisch über den Weg des Kriegers oder das eigene Land, sollte man ihn höflich, aber doch bestimmt zurechtweisen. Zuvor muss man sich dessen aber bewusst sein.

~

Wer gegenüber seinem Herrn oder gegenüber den ältesten Gefolgsleuten ohne die geringste Zurückhaltung denkt, wird nichts Großes zustande bringen. Ohne jegliche Gesinnung etwas zu tun, bewirkt nichts. Der Grund dafür ist die innere Einstellung.

~

Man sollte niemals Dinge sagen, die unangenehm für die Zeitgenossen sein könnten, sondern mit Bedacht sprechen. Wenn sich Vorfälle ereignen, regen sich die Menschen auf und sprechen darüber, ohne Kenntnis der tatsächlichen Sachlage, das ist Unsinn. Schlechtes verbreitet sich rasch, und bevor man sich versieht, hat man sich Feinde geschaffen, nur weil man etwas Unnötiges gesagt hat. In solchen Zeiten sollte man besser zu Hause bleiben und sich mit Poesie beschäftigen.

~

Es ist eine Verfehlung, über anderer Leute Angelegenheiten zu sprechen. Mit dem Lob verhält es sich genauso. Wie dem auch sei, es ist besser, das eigene Ich zu kennen, das Selbst zu vervollkommnen und sich beim Sprechen zurückzuhalten.

~

Wenn man zu Besuch gehen möchte, empfiehlt es sich, dies zuvor mitzuteilen. Es ist unschicklich, jemanden aufzusuchen, ohne zu wissen, ob dieser gerade Zeit hat oder vielleicht irgendetwas anderes vorhat. Es ist ein unmögliches Benehmen, jemanden ohne Einladung aufzusuchen. Wahre Freunde sind selten. Selbst wenn man von diesen eingeladen ist, sollte man rücksichtsvoll sein und nachsichtig gegenüber denjenigen, die nur selten zu Treffen erscheinen, denn gerade bei geselligen Zusammenkünften gibt es sehr viele Fehltritte. Jedoch sollte man Besucher höflich behandeln, auch wenn man beschäftigt ist.

~

Wenn Menschen, die einem einmal einen Gefallen getan haben, guten Freunden oder Verbündeten etwas Unrechtes getan haben, sollte man ihnen diskret seine Meinung sagen, in der Öffentlichkeit auf eine gute Art und Weise Fürsprache für sie halten und einen schlechten Ruf verhindern. Man sollte sie loben als einen Verbündeten, wie man ihn nicht wieder findet, als den Reiter unter Tausenden. Wenn dieser privat in freundlicher Art die Meinung gesagt bekommt, werden die Narben heilen, und er wird ein guter Mensch werden. Durch Lob wird das Herz eines Menschen verändert, und schlechte Nachrichten werden von selbst aufhören. Alles hängt vom Mitgefühl ab, es muss eine Angelegenheit des Herzens sein.

~

Man sollte sich bemühen, die schlechten Angewohnheiten anderer Menschen zu korrigieren, indem man sich wie eine Grabwespe[33] verhält. Wer ununterbrochen durch das eigene Verhalten lehrt, wird sogar ein Adoptivkind zur Nachahmung bringen.

Die Ansichten anderer sind voll Dankbarkeit anzunehmen, selbst wenn sie der eigenen Sache nicht dienlich sind. Verhält man sich entgegengesetzt, wird man nie wieder die Erkenntnisse anderer zu hören bekommen. Es ist besser, sich Ansichten und Meinungen gegenseitig in freundlicher Art und Weise mitzuteilen.

~

33. Die Grabwespe legt ihr Ei in eine Raupe, die als Nahrungsquelle für die Larve dient. Wörtlich heißt die Grabwespe: Wespe, die dem Ego gleicht. Sie weiß andere für sich zu nutzen, damit sie ihr gleichen.

Wenn alle in Einklang leben und sich dem Weg des Himmels anvertrauen, sind die Herzen beruhigt. Doch wenn sie in Zwist leben, fehlt es ihnen an Loyalität, selbst wenn sie sich Mühe gegeben haben. Aus Dummheit resultiert, dass man mit seinen Kameraden im Argen liegt, selbst bei kurzen Treffen sich nur selten sehen lässt und dann nur mürrisch spricht. Doch man sollte an die augenblicklichen Angelegenheiten denken, auch wenn sie dem Herzen zuwiderlaufen, bei jedem Treffen freundlich sprechen und nicht nur beiläufig, und egal, wie oft man sich sieht, nicht den Eindruck der Überdrüssigkeit erwecken. In dieser unbeständigen Welt ist noch nicht einmal das Heute sicher. In dem Bewusstsein zu sterben, dass andere schlecht von einem denken, ist sinnlos. Doch Lasterhaftigkeit und Oberflächlichkeit sind entehrend und nichts anderes als Selbstsucht. Wenn ich außerdem andere leite, ohne Streitsucht, ohne die Etikette zu verletzen, demütig bin, an andere denke, selbst wenn es für mich nachteilig ist, und anderen begegne, als wäre es das erste Mal, gibt es in den Beziehungen keinen Ärger. Die Verhaltensweisen in einer Ehe sind jedoch anders gelagert. Wenn man sich von Anfang bis Ende anständig verhält, kann Disharmonie gar nicht erst entstehen.

Was man als Großmut bezeichnet, ist in Wirklichkeit Güte. Laut Shin'ei[34] ist, mit gütigen Augen betrachtet, kein Mensch verachtenswert. Wer gefehlt hat, braucht umso mehr Güte. Für die Güte gibt es keine Grenzen, sie lässt jedem Raum. Wir verehren selbst heute noch die weisen Herrscher der drei Dynastien[35], weil ihre Güte grenzenlos war. Was immer man tut, es sollte für den Fürsten und den Vater, für alle Menschen, für die Söhne und Enkel getan werden. Das ist wahre Güte. Die aus der Güte erwachsenden Tugenden der Weisheit und des Mutes sind grundlegende Eigenschaften. Stärke und Korrektheit sind grenzenlos, wenn man in Güte straft oder dient. Doch wer nur für sich selbst etwas tut, ist engstirnig und kleinmütig, was schlecht ist. Mut und Weisheit kannte ich schon früher, aber nun begreife ich, was Güte ist. Tokugawa Ieyasu sprach dereinst: »Wer alle Menschen als seine Kinder betrachtet und diese ihn als Vater ansehen, dann ist die Güte das Fundament einer

34. Shin'ei = japanisches Gedicht.

35. Bezug auf die ersten Herrscher des alten China der Xia-, Shang- und Chou-Dynastien, die durch ihre Tugendhaftigkeit und aufgrund ihres Einsatzes zum Wohle des Volkes immer wieder als Beispiel genannt wurden.

friedvollen Regierung.« Auch die Zusammensetzungen von »leiten und Eltern«, »Gruppe und Kind« haben ihren Ursprung in der Eltern-Kind-Beziehung, so dass man sagen kann, dass die Beziehungen untereinander auf einem friedvollen Herzen beruhen. Fürst Naoshige war der Ansicht, dass derjenige, der stets nach Recht und Unrecht fragt, von anderen seine Strafe bekommt. Dieser Ausspruch des Fürsten war nichts anderes als der Ausdruck seiner eigenen Güte. »Prinzipien liegen außerhalb der Vernunft« kann ebenfalls ein Ausdruck der Güte sein. Man muss das Unerschöpfliche kosten und ernsthaft daran arbeiten.

~

Ein Priester äußerte folgende Ansicht, was das Zusammentreffen mit anderen betrifft: »Wenn man auf einen Menschen trifft, sollte man rasch dessen Wesen erfassen, um entsprechend reagieren zu können. Insbesondere dann, wenn das Gegenüber besonders stark in der Argumentation ist, darf man nicht in der Ecke stehen, sondern muss denjenigen mit einer überlegenen Logik bezwingen, ohne dass jedoch danach auch nur die geringste Bitternis zurückbleibt. Dies ist eine Sache des Herzens, aber auch der Worte.«

Eine mündliche Anweisung

~

Yasuda Ukyō sprach, dass bei der letzten Schale Wein nur das Ende von Bedeutung sei. Und so solle es das ganze Leben sein. Wenn man Gast ist, sollte man nicht zu früh an den Abschied denken, sonst wirkt man gelangweilt, und die Gespräche am Ende eines Tages oder eines Abends verschwinden. Beim Umgang der Menschen miteinander ist es wichtig, dass keine Langeweile aufkommt, sondern stets der Eindruck entsteht, es handle sich um etwas Besonderes. Mit ein wenig Einfühlungsvermögen ist dies möglich.

PLANUNG UND VORAUSSICHT

Es gibt vieles, was im Voraus bedacht werden muss. Ein Mann, der im Hause seines Herrn einen anderen tötet, muss getötet werden, falls er zu fliehen versucht, da man nicht sichergehen kann, ob er nicht bereits mit gezücktem Schwert zum nächsten Raum geht. Man sollte bedenken, dass in einer späteren Untersuchung behauptet werden könnte, man hätte mit dem Mann unter einer Decke gesteckt oder versucht, Rache zu nehmen. Wichtig ist jedoch nur, dass ein solcher Mann in seinem Tun aufgehalten wird.

Einst sprach man zu Fürst Gonnojo, das Jetzt ist die Zeit, und die Zeit ist das Jetzt. Wer denkt, dass es zwei unterschiedliche Dinge sind, hat den Augenblick verpasst. Wird man zum Herrn gerufen, um den Sinn einer Sache darzulegen, wird man verwirrt sein, was darauf zurückzuführen ist, dass man den Sinn des Jetzt nicht verstanden hat. Wer aber begriffen hat, dass das Jetzt und die Zeit ein und dasselbe sind, wird sich zuvor in seiner Kammer im Sprechen üben, und obgleich er als Gefolgsmann niemals ein Ratgeber seines Herrn sein wird, wird er dennoch in der Lage sein, klar und deutlich zu sprechen, sei es vor seinem Herrn, vor dem Ältestenrat oder vor dem Shōgun in dessen Burg. So verhält es sich mit allem, weshalb bereits im Vorfeld sorgfältig jedes Detail untersucht werden sollte.

Eine Rüstung im prächtigen Zustand zu erhalten zeugt zwar von Geschmack, ist aber in den meisten Fällen unangebracht. Fukabori Inosukes Rüstung war so ein Fall. Geld für die Ausrüstung und Ähnliches wird von Männern hohen Ranges, die über Gefolgsleute verfügen, benötigt. Okabe Kunai fertigte entsprechend der Zahl seiner Leute kleine Beutel, auf die er die jeweiligen Namen schrieb und in die er die entsprechenden Gelder steckte. Dies war sehr umsichtig und vorausschauend. Männern von niedrigem Rang, die nicht in der Lage sind, dergleichen Vorbereitungen zu treffen, sollten in diesem Falle von ihrem Anführer Unterstützung erhalten, was wiederum voraussetzt, dass ein gutes Verhältnis zu diesem besteht. Wer jedoch zum unmittelbaren Gefolge des Fürsten gehört oder ihm zur Seite steht, braucht dieses Geld nicht.

4.
ALLERLEI WUNDERSAMES

Es ist Unsinn zu sagen, Ungewöhnliches sei wundersam oder ein Vorbote von irgendwelchen Ereignissen. Das gleichzeitige Erscheinen von Sonne und Mond, Kometen, Wolken wie Standarten, leuchtende Dinge, Schnee im 6. Monat und Blitze im 12. Monat sind Erscheinungen, die alle fünfzig bis hundert Jahre einmal auftreten. Sie werden durch das Wirken von Yin und Yang hervorgebracht. Wäre der Sonnenaufgang im Osten und der Untergang im Westen, könnte man von einem Wunder sprechen. Doch ist das nichts Besonderes. Dass Naturphänomene ganz sicher Unheil auf Erden ankündigen, dass fahnenförmige Wolken auf etwas hindeuten, kommt daher, dass die Menschen selbst in ihrem Denken auf etwas Schlechtes warten und dieses Schlechte aufgrund ihres Denkens dann auch eintritt. Die Kunde von wundersamen Dingen entstammt nur dem Munde solcher Menschen.

~

Die Nebenfrau des Taikō war die Tochter des Arai Naganobu Bizen-no-kami aus Eshū. Im Winter des Jahres 1592 wurde sie schwanger, und als Gebet für eine leichte Geburt verfasste sie am 20. Tag des achten Monats des darauf folgenden Jahres den ersten Vers des folgenden Kettengedichts in der Burg von Ōsaka:

Gebet einer Schwangeren an das Herzsutra
eins und zwei und das Band der Geburt löse sich …

Sie hatte noch nicht die Reime beendet, da gebar sie den jungen Fürsten Hideyori.

~

Als der Gründer der Chiba-Familie sich auf dem Wege nach Shikoku befand, geriet sein Schiff in einen schweren Sturm, und als es zu zerbrechen drohte, lief es auf ein Riff aus Abalonen und wurde so gerettet. Später aß niemand in der Familie der Chiba bis hin zum Gefolgsmann Abalonen. Wer sie jedoch versehentlich aß, so heißt es, bekam am Körper Beulen in Abalonenform.

~

Als die Mutter mit Hoshino Sōuemon schwanger ging, nahm sie gewöhnlich Weihrauchpulver ein. Als Hoshino fünf Jahre alt war, hörte er die Strophe »Die Welt der Vergänglichkeit ist unendlich«, woraufhin ihm Zweifel kamen und er sich einen halben Tag in Meditation versenkte. Sein ganzes Leben war er ungewöhnlich. Als er sich in die Hauptstadt begab, wurde ihm im Traum übermittelt, das Sutra von Takaōkannon[36] niederzuschreiben, was er auch tat.

Er wird auch unter dem Namen Kō[37] verehrt. Er war der Adoptivsohn des Hoshino.

Das Nirvanabild im Tōfukuji

Obgleich von Fürst Tsunashige an Fujimoto Oyako übergeben, konnte er keine Kopie davon anfertigen. Er trat an den Sutrenlehrer Wakai Rizaemon heran, und dieser wandte sich wiederum an einen Assistenzpriester. »Weil es eine einmalige Kostbarkeit Japans ist, könnte es durch Feuer für immer vernichtet werden. Deshalb sollte vorsichtshalber eine Kopie angefertigt werden, damit es auch weiterhin betrachtet werden kann«, sprach er und ließ eine Kopie anfertigen. Als sie fertig war, wurde sie dem Kōdenji-Tempel übergeben. Deshalb gibt es zwei Nirvana-Bilder in Japan.

36. Takaōkannon oder Rorikannon, mit einem Räuchergefäß dargestellt.
37. Weihrauch.

Die große Kraft des Sano Ukyō

Eines Tages, als Sano Ukyō den Takao-Fluss überqueren wollte, war dies just die Zeit, als die Brücke repariert wurde, doch ein großer Brückenpfahl ließ sich nicht herausziehen. Sano Ukyō hielt inne, sah, dass er in der Lage war, ihn herauszuziehen, packte den Pfahl fest an, stieß einen Schrei aus und zog ihn nach oben. In diesem Moment ertönte ein gewaltiges Geräusch, und obgleich Ukyō den Pfahl bis zu sich herausgezogen hatte, ließ er sich nicht weiter herausziehen und versank. Nachdem Ukyō nach Hause zurückgekehrt war, erkrankte er und verschied. Als die Trauergemeinde auf dem Weg zum Tempel von Jōbara den Takao-Fluss überqueren wollte, sprang der Leichnam aus dem Sarg in die Fluten und sank. Unter den Mönchen des Shufukuji befand sich ein sechzehnjähriger Novize, der sofort hinterhersprang und den Leichnam festhalten konnte. Die anderen eilten herzu und zogen ihn heraus. Der oberste Mönch war beeindruckt und übertrug dem jungen Novizen die Leitung über die anderen. Er soll später ein berühmter Mönch geworden sein.

BUDDHISTEN UND HEILIGE

Der Priester Daiyu aus Mie war auf dem Weg zu einem Kranken, als ihm mitgeteilt wurde, dass der Mann gerade gestorben war. »Das hätte nicht passieren dürfen, war denn die Pflege nicht ausreichend?«, sprach der Mönch. »Das ist wirklich bedauerlich.« Als der im Hause befindliche Arzt das durch die Shōji hindurch hörte, wurde er sehr ärgerlich, kam heraus und sagte: »Ich habe gehört, wie Ihr sagtet, dass der Mann wegen unzureichender Pflege verstorben sei. Weil ich ein durch und durch ungeschickter Arzt bin, kann das durchaus sein. Ihr Buddhisten verfügt doch über die Kraft des Dharma, wie immer gesagt wird, nun, dann beweist es, indem Ihr den Toten durch Gebete zum Leben wiedererweckt. Sollte Euch das misslingen, ist der ganze Buddhismus nichts wert.« Daiyu war zwar verwirrt, konnte aber die Beleidigung des Buddhismus nicht einfach auf sich sitzen lassen. »Natürlich kann ich ihn durch Gebete zum Leben wiedererwecken, wartet bitte eine Weile. Ich muss mich erst sammeln.« Dann kehrte er in den Tempel zurück, kam wieder, setzte sich an die Lagerstatt des Toten und begann zu meditieren, so dass der Tote kurz darauf zu atmen begann und ins Leben zurückkehrte. Es heißt, er habe noch ein weiteres halbes Jahr gelebt. Diesen Vorfall hatte der Priester Tannen direkt in Erfahrung gebracht, so dass nicht der geringste Zweifel besteht. Als Daiyu gefragt wurde, welche Art Gebet er denn angewandt habe, sagte er: »Da es in meiner Lehre dafür nichts gab und ich nicht wusste, was ich beten sollte, richtete ich mein Augenmerk auf den Buddhismus als solches, kehrte in den Tempel zurück und holte dort ein scharfes Kurzschwert, das dem Tempel als Gabe vermacht worden war, steckte es in mein Gewand und dachte, als ich vor dem Toten saß, dass er sofort ins Leben zurückkehren solle, wenn die Kraft des Buddhismus tatsächlich existiert. Wäre er entgegen meinen Worten nicht mehr aufgewacht, hätte ich mir den Leib aufgeschlitzt und wäre, den Toten umarmend, gestorben. Davon war ich überzeugt.«

~

Irgendjemand sagte einmal das Gedicht vom Mausoleum des Heiligen:

»Wer in seinem Herzen den Pfad der Wahrhaftigkeit beschreitet, beschützen ihn nicht die Götter, obgleich er nicht zu ihnen betet?

Was ist denn der Weg der Wahrhaftigkeit?«

Darauf antwortete ein anderer: »Es scheint, dass Ihr Gedichte liebt. Ich werde Euch die Antwort ebenfalls in einem Gedicht geben:

Da alles auf der Welt nur eine Täuschung ist,
kann nur der Tod allein die Wahrhaftigkeit sein.
Den Weg der Wahrhaftigkeit zu beschreiten
heißt, im täglichen Leben wie ein Toter zu leben.«

~

Als der Abt Tenkai[38] zur Welt kam und das Wasser für sein erstes Bad geschöpft wurde, befand sich darin ein Karpfen. »Den kann man kochen«, sagte zwar einer, doch ein anderer meinte, dass dies ein Glückszeichen sei, und ließ den Karpfen wieder frei. »Dieses Kind wird einmal ein Herrscher unter dem Himmel werden«, sagte der Doktor, »aber weil der Karpfen[39] wieder freigelassen wurde, kann er kein militärisches Glück haben. Doch als Buddhist wird er nicht weniger Glück als ein Heerführer haben.«

38. Tenkai, besser bekannt unter seinem Ehrennamen Jigen Daishi, stand den großen Tempeln vor, die Prophezeiung, dass er den gleichen Erfolg wie ein Heerführer haben werde, bewahrheitete sich.
39. Symbol der Tapferkeit und des Mutes. Heute noch wird am 5. 5., dem Knabenfest, ein Drachen in Form eines Karpfens aufgehängt.

Die Eltern[40] waren hocherfreut, und der Knabe sollte Mönch werden.

Später wurde er Abt und ist unter seinem posthumen Namen Jigen Daishi bekannt.

~

Als der Priester Matsumoto Ungo inmitten der Nacht sich in den Bergen befand, kamen Räuber und nahmen ihn gefangen. »Ich stamme aus dieser Gegend, ich bin kein Pilgermönch. Ich habe überhaupt kein Geld, aber wenn Ihr wollt, könnt Ihr meine Kleidung nehmen. Doch verschont mein Leben«, sprach Ungo. »Nun, da haben wir uns die Mühe umsonst gemacht, die Kleider nutzen uns nichts«, sagten die Räuber und gingen weiter. Sie waren noch nicht einmal hundert Meter entfernt, da drehte sich Ungo um und rief ihnen zu. »Ich habe das Gebot ›Du sollst nicht lügen‹ gebrochen. Ich habe in meinem Bettelsack noch ein Silberstück, an das ich in meiner Verwirrung nicht gedacht habe, es stimmt also nicht, dass ich überhaupt kein Geld habe. Bitte, holt es Euch.« Die Räuber waren tief beeindruckt, schoren sich auf der Stelle das Haupt und wurden seine Schüler.

~

40. Sie waren Bauern im Kinai-Gebiet.

In den militärischen Instruktionen »Sankyokuryū« spricht Yui Shōsetsu[41] über Ursache und Wirkung im buddhistischen Sinne. Ihm wurden mündlich die achtzehn Kapitel der großen und der kleinen Tapferkeit übermittelt, doch schrieb er sie weder auf, noch hatte er sie auswendig gelernt. Vielmehr hatte er alles vergessen. Wenn er mit einer Sache konfrontiert war, handelte er intuitiv. Mit der Zeit wurden die Dinge, die er gelernt hatte, ein Teil von ihm und machten seine Weisheit aus. Es heißt, dies sei das Wesen von Ursache und Wirkung.

41. Sohn eines Färbers, der zum Samurai aufstieg und sich mit Militärtaktik beschäftigte, die er in seiner eigenen Schule unterrichtete. Beging 1651 nach erfolglosem Aufstand Selbstmord.

5.
VERFALL DER SITTEN

Wenn man sich die heutigen Gefolgsleute ansieht, dann scheinen sie schwachen Willens zu sein. Sie ähneln Taschendieben. Entweder sind sie nur auf ihren Vorteil bedacht oder gerissen, und weil sie allesamt nur lasch sind, bringen sie sich nur in Pose. Doch sie sollten sich selbst dem Herrn weihen und sofort nach dem Tode zu Geistern werden, um auf diese Weise vierundzwanzig Stunden lang die Angelegenheiten ihres Herrn überwachen zu können, Probleme zu lösen, und um das Ziel verfolgen zu können, das Fundament des Staates zu festigen. Wenn sie dieses Ziel niemals aus den Augen verlieren, kann man von wirklichen Gefolgsleuten sprechen. Diese Geisteshaltung gilt unterschiedslos für alle Gefolgsleute. Wer weiß, was es bedeutet, ein treuer Lehnsmann zu sein, den können selbst Buddha oder die Gottheiten nicht ins Wanken bringen.

~

Irgendjemand berichtete, dass Matsukuma, der vormalige Kyoan, vor einigen Jahren erzählte: »In der Medizin gibt es Unterschiede bei der Behandlung von Mann und Frau entsprechend Yin und Yang. Selbst der Puls ist unterschiedlich. Jedoch ist in den letzten fünfzig Jahren der Puls der Männer wie der von Frauen geworden. Aufgrund dieser Feststellung wandte ich die Heilmethode für Augenkrankheiten bei Frauen bei Männern an und stellte fest, dass sie geeignet war. Wandte ich dagegen die Heilmethode für Männer bei Männern an, erhielt ich kein Resultat. Das bedeutet, das Ende der Welt ist gekommen, und der Geist der Männer ist verfallen, und ich denke, dass sie zu Frauen geworden sind. Da ich dies nun sicher wusste, hütete ich es als Geheimnis.« Wenn man die heutigen Männer unter diesem Gesichtpunkt betrachtet, so scheint es doch viele zu geben, die einen weiblichen Pulsschlag haben könnten. Nur selten kann man noch einen richtigen Mann finden. Wer sich dementsprechend heute ein wenig anstrengt, ist leicht der Überlegene. Ein weiterer Beweis, dass es den heutigen Männern an Mut und Tapferkeit mangelt, ist die Tatsache, dass nur noch wenige enthaupten können. Spricht man darüber hinaus von der Assistenz bei der Selbstentleibung, so leben wir in einer Zeit, in der fortwährend Entschuldigungen und Ausflüchte vorgebracht werden. Vor vierzig, fünfzig Jahren galt es als männlich, Lederstiefel, die bis zu den Schenkeln reichten, zu tragen, niemand hätte seine Schenkel, wenn sie ohne Narben waren, entblößt, und nur wenn er alleine war, zog er diese Stiefel aus. Alle Arbeiten von Männern rochen nach Blut. Heute betrachtet man dies als töricht und bringt deshalb mit geschickt gewählten Worten Angelegenheiten zu Ende, man geht jeder noch so kleinen Anstrengung aus dem Wege. Es wäre wünschenswert, wenn junge Männer noch Verständnis aufbrächten.

~

Die Samurai vor fünfzig, sechzig Jahren nahmen jeden Morgen ein Bad, rasierten den vorderen Teil ihres Haupts in Form eines Mondes, parfümierten das Haar, schnitten Finger- und Fußnägel und rieben sie mit Bimsstein, polierten sie mit Sauerklee und achteten darauf, nicht verwahrlost zu erscheinen. Außerdem fand sich kein Rost auf ihren Waffen, die staubfrei und poliert aufgereiht waren. Die Aufmerksamkeit, die der eigenen Person zuteil wird, mag geckenhaft wirken, doch sie hat nichts mit Eleganz zu tun. Wer ständig den Schlachtentod oder den unvermeidlichen Tod vor Augen und in seinem Bewusstsein verankert hat, wird feststellen, falls er in ungepflegtem Zustand den Tod erleidet, dass er nicht darauf vorbereitet war. Um nicht vom Feind verachtet und als unsauber betrachtet zu werden, widmeten sich Alt und Jung ihrem gepflegten Äußeren. Obwohl dies schwierig und zeitaufwändig ist, liegt doch darin die Aufgabe eines Samurai, und es ist keineswegs eine Sache, die viel Arbeit und Zeit in Anspruch nimmt. Es ist daran nichts Ehrenrühriges, wenn man mit dem Gedanken an den Tod tagein, tagaus lebt, in einem Körper, der bereits tot ist, und sich im Dienst als Gefolgsmann bemüht und sich den militärischen Abhandlungen zuwendet. Doch wer nicht einmal im Traum an diese Dinge denkt, wird beschämt, wenn die Zeit gekommen ist, die er mit eigensüchtigen Wünschen und Ichbezogenheit verbracht hat. Auch wenn er denkt, dass dies nicht schändlich sei und ihn nichts anginge, solange das Leben erquicklich ist, er wird nach und nach sein absurdes und unüberlegtes Verhalten bereuen. Wer sich dagegen auf den unvermeidlichen Tod vorbereitet, wofür sollte der getadelt werden? Dementsprechend muss man in dieser Angelegenheit vorgehen. Ferner haben sich während der letzten dreißig Jahre die traditionellen Gewohnheiten geändert. Wenn heute junge Samurai zusammenkommen und schwatzen, dann geht es nur um Geld, Gedanken über Gewinn und Verlust, Vertraulichkeiten, Kleidermoden, Fleischeslust – sonst kommt man gar nicht erst zusammen. Es gibt keinen Anstand heutzutage. Wenn früher ein Mann zwanzig oder dreißig Jahre alt war, trug er in seinem Herzen keine schändlichen Gedanken und benutzte auch solche Worte nicht. Falls ein Älterer unbeabsichtigt so etwas sagte, dann galt dies als Grobheit. Weil man heute vor aller Welt schön und vertraulich wirken möchte, hat sich diese neue Sitte wahrscheinlich entwickelt. Wer nicht so ist und noch dazu ohne Hochmut, kann seinen Aufgaben nachkommen. Es ist bedauerlich, dass die jungen Samurai heute eine so unbeständige Gesinnung an den Tag legen und sich ihres Besitzes rühmen. Menschen mit unbeständigen Herzen verfehlen ihre Pflichten, und wer seine Pflichten verabsäumt, ist ohne Selbstwertgefühl.

~

Als ein Mann durch Yae ging, überfielen ihn plötzlich Bauchschmerzen, und er drang rasch in ein Mietshaus ein, weil er dort nach dem Abort fragen wollte. Im Hause war nur eine junge Frau, die dem Fremden den Abort zeigte, der sich hinter dem Haus befand. Als der Fremde gerade seine Hakama herunterzog und den Abort betreten wollte, kam der Hausherr zurück und beschuldigte den Fremden und die junge Frau des Ehebruchs. Die Sache wurde ruchbar und drang bis zu Fürst Naoshige vor. »Es ist zwar kein Fall von Ehebruch, kommt diesem aber gleich, wenn ein fremder Mann in Gegenwart einer Frau, die alleine ist, unüberlegt seine Hakama auszieht und eine Frau, deren Mann abwesend ist, dies einem fremden Mann gestattet.« Aus diesem Grunde wurden beide mit dem Tode bestraft.

~

Seit es verboten ist, dem Herrn in den Tod zu folgen, gibt es keine Gefolgsleute mehr, die sich mit ihrem Herrn verbünden. Auch in der Familienführung besteht keine Hierarchie mehr oder Sorgfalt im Dienst. Durch die Abschaffung des Knappendienstes sind auch die Sitten der Samurai schlecht geworden. Zu viel an Güte ist nichts für einen Gefolgsmann. Knappen sind durchaus wünschenswert. Weil sie im Alter von fünfzehn oder sechzehn Jahren, noch bevor die Stirnlocke abgeschnitten und sie damit zum Manne werden, keine Ahnung haben, was sich schickt, führen sie beim Essen und Trinken nur noch anstößige Gespräche, benutzen Tabuwörter, scheren sich nicht um Gebräuche, und wenn sie Zeit haben, treiben sie sich herum. Aus solchen jungen Männern können keine guten Gefolgsleute werden. Ein wirklich ernsthafter Knappe muss von klein auf alle Dienste erlernen. Fukushima Yatsu'emon war bereits zweiundvierzig und Nabeshima Jinbei vierzig Jahre, als ihnen die Stirnlocken abgeschnitten wurden.

~

In den militärischen Aufzeichnungen des Natsume Toneri, einem Rōnin aus der Gegend von Kyōto, heißt es: »Schaue ich mir das heutige Militär an, so wird selbst in langen Schlachten kaum noch wirklich Blut vergossen. Es darf keine Nachlässigkeit um sich greifen.«

~

Wenn ein Inspektor nicht begriffen hat, was seine Aufgaben sind, kann er leicht Schaden anrichten. Ohne Inspektionen kann ein Land im Grunde nicht regiert werden, denn der Fürst ist nicht in der Lage, sich allein um jede Kleinigkeit zu kümmern. Es wird das Verhalten des Fürsten, Falsch und Richtig der ältesten Vasallen, Recht und Unrecht von Hinrichtungen, Freud und Leid des einfachen Volkes erfragt, um die Verwaltung zu verbessern. Die eigentliche Aufgabe der Inspektoren besteht darin, die höher Gestellten zu kontrollieren. Jedoch machen die Inspektoren stattdessen die Vergehen der kleinen Leute ausfindig, doch wenn sie diese berichten, nimmt die Regierung davon kaum Notiz, weil das Land dadurch nicht zu Schaden kommt. Ferner ist es der Sinn von Untersuchungen, die Aussagen von Verurteilten zu erhellen, um ihnen helfen zu können. Darin liegt die eigentliche Aufgabe, die auch dem Clan zugute kommt.

~

Fragt man: »Was ist für das Menschsein im Hinblick auf Sinn und Disziplin von Bedeutung?«, so muss die Antwort lauten, dass es Ersteres ist, das heißt reines Denken. Im Allgemeinen scheinen Leute dies heute zu vernachlässigen. Reines Denken drückt sich derart aus, dass alles, was man tut, diesem einen Gedanken, den man im Herzen trägt, entspringt. Gegenüber dem Fürsten bedeutet das Loyalität, gegenüber den Eltern kindliche Pietät und für das Militär Mut, daneben ist ein solches Verhalten für alles verwendbar. Doch heute ist es kaum noch zu finden. Und wenn man es gefunden hat, ist es schwierig, es konstant zu erhalten. Außer dem Gedanken an das Hier und Jetzt gibt es nichts.

~

Viele Menschen können aufgrund zu großen Alkoholgenusses mit anderen nicht mehr mithalten, was sehr bedauerlich ist. Zuerst sollte man sich vornehmen, sich nicht betrinken zu wollen. Denn wenn man mit der Zeit betrunken wird und sich bei einem Trinkgelage nicht beherrscht, kann es zu ungewollten Meinungsäußerungen kommen. Deshalb sollte man sich stets vor Augen halten, dass ein Festgelage auch immer eine öffentliche Angelegenheit ist.

~

Dass heutzutage die meisten Menschen es als Glück empfinden, dass es keine Schlachten mehr gibt, ist ziemlich geschmacklos. Für sie ist die Schlacht während ihres Lebens nicht erstrebenswert. Auf der Matte sein Leben auszuhauchen, ohne zu leiden, ist nicht der wahre der Sinn eines Kriegers. Deshalb waren die

Menschen früher anderer Ansicht. Für sie gab es keinen besseren Tod, als in der Schlacht zu sterben.

~

»Ob einer aus Hizen den Tod für bedauerlich hält, ist Ansichtssache eines jeden Einzelnen. Doch stelle ich fest, dass die Etikette und deren Befolgung nicht mehr wahrgenommen wird, was meine größte Sorge ist«, sprach Fürst Katsushige. »Ich befürchte, dass, angefangen bei den Verwandten und den älteren Gefolgsleuten, sie die penible Einhaltung der Etikette als zu übertrieben betrachten und diese nur noch im großen Rahmen befolgt wird. Bis heute gibt es jedoch noch ein paar Menschen, die sich daran halten, die geringsten Verfehlungen erkennen und die Sache beilegen. Weil die Menschen gegenüber der Etikette kein Verständnis mehr haben, erzähle ich dieses und ordne die Befolgung der Etikette weiter an.«

~

Ōkubo Dōko und der Ruf der Blumen

Dōko sprach: »Jeder sagt, dass es keine großen Meister mehr geben kann, weil das Ende der Welt nahe ist. Doch ich kann das nicht verstehen. Obwohl sich doch die Welt ihrem Ende nähert, blühen nach wie vor herrliche Blumen wie die Päonie, Azaleen und

Kamelien. Die Menschen sollten diesem mehr Aufmerksamkeit widmen, dann würden sie begreifen und sagen können, dass es auch in diesen Zeiten namhafte Menschen geben kann, und zwar in allen Sparten. Doch die Menschen sind so in die Idee verrannt, dass das Ende der Welt gekommen sei, dass sie sich nicht mehr anstrengen, was sehr bedauerlich ist.«

GLEICHGESCHLECHTLICHE LIEBE UND IHRE FOLGEN

Gegen die Etikette zu verstoßen und sich in der Jugend homosexuell zu verhalten kann Schande für das ganze Leben mit sich bringen. Es ist gefährlich, dies nicht zu verstehen. Da niemand darüber spricht, soll hier die Bedeutung klargelegt werden. Es ist verständlich, dass eine keusche Frau nicht zwei Männern dienen kann. Die Gefühle gehören einem einzigen Menschen ein Leben lang, wenn nicht, dann ist man das Gleiche wie ein Lustknabe oder wie eine Dirne. Das ist die Schande eines Samurai. »Ein Jüngling ohne Liebhaber ist wie eine Frau ohne Ehemann« ist ein berühmter Satz von Ihara Saikaku[42]. Doch ein solcher Mensch ist lächerlich. Der ältere Liebhaber sollte mindestens fünf Jahre geprüft werden, und wenn seine Absichten klar sind, kann mit ihm eine Beziehung eingegangen werden. Grundsätzlich sollte eine Beziehung zu einem flatterhaften Menschen nicht aufgenommen werden, weil dieser sich später wieder trennen wird. Wenn man füreinander sein Leben gibt und sich beisteht, kann man sich der wahren Veranlagung sicher sein. Sollte einer jedoch verschroben sein, ist es ratsam, ihm mit aller Deutlichkeit zu sagen, dass es gewisse Hindernisse gibt, und falls er fragt, welcher Art diese seien, sollte man darauf antworten, dass man darüber nicht sprechen möchte. Beharrt der andere auf einer Antwort, solle man ärgerlich werden und ihn niederhauen. Genauso sollte sich der Ältere zuvor der tiefen Gefühle des Jünglings vergewissern. Wenn sich dieser fünf oder sechs Jahre lang einem solchen Leben hingibt, ist nichts dagegen einzuwenden. Man kann nicht zwei Wege beschreiten, und ein Krieger hat sich dessen zu befleißigen, denn das ist Bushidō.

42. Edozeitlicher Verfasser zahlreicher Erzählungen, die Liebesabenteuer behandeln.

~

Hoshino Ryōtetsu war der Vorreiter der homosexuellen Liebe in unserem Fürstentum. Obgleich es heißt, dass er viele Schüler hatte, unterwies er doch einen nach dem anderen. Edayoshi hatte das Prinzip der gleichgeschlechtlichen Liebe begriffen. Als er Ryōtetsu einmal nach Edo begleitete, fragte dieser ihn beim Abschiedsbesuch: »Was versteht Ihr unter gleichgeschlechtlicher Liebe?« Daraufhin antwortete Edayoshi: »Etwas Angenehmes und Unangenehmes.« Ryōtetsu war über diese Antwort erfreut. »Es hat Euch viel Mühe gekostet, so etwas zu sagen«, sprach er. Einige Jahre später fragte jemand Edayoshi nach dem Sinn dieser Worte. »Sein Leben aufzugeben ist das Höchste in der Homosexualität. Ist das nicht der Fall, bringt es nur Schande. In diesem Fall hast du aber kein Leben mehr, das du deinem Herrn zu Füßen legen kannst. Aus diesem Grunde ist es angenehm und unangenehm.«

~

Unter den Gefolgsleuten von Takeo gab es Ärger, weil zwei Männer eine Liebesbeziehung unterhielten. Als sie zur Hinrichtung geführt wurden, baten sie, zusammen zu sterben, und mit einem einzigen Hieb wurde beiden gleichzeitig der Kopf abgeschlagen.

~

Unter den noch unmündigen Knappen des Fürsten Mitsushige befand sich Shōzaemon, der dem Fürsten aufwartete. Er war flatterhaft und verliebte sich in Tamon Shōzaemon, den Hauptdarsteller eines Dramas, woraufhin er dessen Namen und auch Familienwappen anstelle seines eigenen annahm. Verrückt vor Liebe, versetzte er all sein Hab und Gut bis auf das letzte Stück, und als er nichts mehr besaß, stahl er das Schwert des Matawari Rokubei, übergab es einem Speerträger, damit dieser es zu Geld mache. Der Speerträger sprach jedoch über diese Sache. Nach der Untersuchung der Angelegenheit wurden sowohl Shōzaemon als auch der Speerträger zum Tode verurteilt. Der Untersuchungsbeamte war Yamamoto Gorōzaemon. Er verkündete mit lauter Stimme: »Der im Namen unseres Herrn Angeklagte ist der Speerträger Soundso.« Woraufhin der Fürst sofort sprach: »Tötet ihn.« Als Nächstes wurde Shōzaemon ein Schicksal bekannt gegeben. In dem Augenblick trat Gorōzaemon ein und sprach: »Für dich ist nichts mehr zu tun übrig. Bereite dich auf deinen Tod vor«, und nachdem er dies verkündet hatte, antwortete Shōzaemon daraufhin gefasst: »Ich bin Euch dankbar für Eure Worte und habe Euch verstanden.« Doch irgendjemand war auf die Idee gekommen, dass der Fußsoldat Naozuka Roku'uemon heimlich von der Seite kommen sollte, um Shōzaemon zu enthaupten, während diesem der Kaishaku durch irgendjemanden vorgestellt würde. Auf dem Hinrichtungsplatz standen sich der Kaishaku und der außerordentlich gefasste Shōzaemon gegenüber, und als dieser den Kaishaku grüßen wollte, sah er, wie auf der Seite ein Schwert gezogen wurde. »Wer seid Ihr? Von Euch lasse ich mir nicht den Kopf abschlagen!«, schrie er, sprang auf, und von diesem Augenblick an war es mit seiner Gelassenheit vorbei, und er wurde verrückt vor Angst. Sie packten ihn, drückten ihn nieder und schlugen ihm das Haupt ab. Gorōzaemon sprach heimlich: »Hätte man ihn nicht getäuscht, wäre er sicher hervorragend gestorben.«

Die Hinrichtung eines gewissen Ishio

Der jüngere Bruder des Ishio Matabei war bei der Teezeremonie dem Pagen Sakabu Mata'emon in Liebe verfallen. Um eine Liaison zu unterbinden, wurde er zum Selbstmord verurteilt. Beim Abschied vergoss er unaufhörlich heiße Tränen. »Ishio, auf dem

Richtplatz Tränen zu vergießen und schwach zu sein ist Feigheit«, wurde er ermahnt. Wie gering eine Aufgabe eines Samurai auch sein mag, es ist immer eine wichtige Angelegenheit.

Die Hinrichtung des Kitajima Sakubei

Der Dienst des Sakubei begann als Bote des Fürsten. Eines Tages, als der Fürst ihn rief, erschien er in roter Baumwellkreppunterwäsche. Als der Fürst nachbohrte, warum er dies trüge, gab er zur Antwort, dass er zu Kamishiro Bennosuke eine seltsame Affinität habe, und da er am Vorabend bei diesem die Nacht verbracht hatte, war er in dessen Unterwäsche zurückgekehrt und so, wie er war, in Erscheinung getreten. Da dies nun bekannt geworden war, wurde er zum Tod durch Selbstentleibung verurteilt. »Ihr werdet wie Ōishi Kosuke mit einem Schwert ohne Klinge Euch hinrichten.« »Zu Befehl«, war die Antwort. Er wurde sofort zum Richtplatz geführt, und mit einem einfachen Schwert hieb man ihm den Kopf ab.

Daraufhin wurde der Name Kitajima ausgelöscht und in Tahara geändert.

6. VERSCHIEDENE GESCHICHTEN

ALLERLEI WEISHEITEN FÜR DAS TÄGLICHE LEBEN

Der Helm

Normalerweise denkt man, dass man an einem Helm doch schwer zu tragen hat. Doch wenn beim Angriff auf eine Burg Pfeile, Gewehrkugeln, große Steine und Balken auf einen herniederprasseln, denkt man nicht über das Gewicht eines Helms nach.

~

In einer Aufzeichnung über die Schwertkunst heißt es, ist die Haut zu Ende, schneidet man die Knochen. Es gibt keinen Sieg, wenn man differenziert.

~

Herrn Yagyus unerwartetes Verhalten vor dem Shōgun

Als Yagyu vor dem Shōgun in irgendwelchen Angelegenheiten erschien, fielen etliche Bambusschwerter von der Decke. Yagyu hob beide Hände über den

Kopf und wurde deshalb nicht getroffen. Ein andermal wurde Yagyu unerwartet vor den Shōgun zitiert, der hinter einem Stellschirm verborgen saß, ein Bambusschwert in der Hand, um plötzlich hervorspringen und zuschlagen zu können. Yagyu rief mit lauter Stimme: »Es ist für Eure soldatischen Fähigkeiten. Ihr dürft nicht hinsehen.« Als sich der Shōgun umsah, nahm er ihm das Bambusschwert aus der Hand.

Der Schutz vor Pfeilen

Wer denkt, dass er von feindlichen Pfeilen nicht getroffen werden will, genießt keinen göttlichen Schutz. Wer sich allerdings wünscht, vom Pfeil eines namhaften Kriegers und nicht vom Pfeil eines einfachen Soldaten getroffen zu werden, dem wird der Schutz zuteil, den er sich gewünscht hat.

Improvisierte Lunten

Wenn man im Gebirge ist, und die Lunten sind ausgegangen, schält man eine Eiche. Aus der Rinde kann man eine Lunte machen. Normale Lunten sind aus geschältem Bambus, beide Enden werden miteinander verknetet und durch eine Lösung aus

Reisasche gezogen. Dann werden sie getrocknet und gut gerieben. Dies muss immer wieder geübt werden.

~

Windglöckchen

Sie werden bei Feldzügen verwendet, um die Windrichtung anzuzeigen. Während eines Nachtangriffs kann in Windrichtung Feuer gelegt werden, während man vom Windschatten aus angreift. Auch die Verbündeten sollten darüber informiert werden. Normalerweise hängt man diese Glöckchen auf, um die Windrichtung zu bestimmen.

~

Die Unterweisungen des Nakano Jin'uemon

- Zehntausendfache Kraft liegt in der Entschlossenheit.
- Nach innen das Fell eines Hundes, nach außen das Fell eines Tigers.
- Der Mensch lebt nur eine Generation, der Name aber ewig.
- Wer nach Gold und Silber sucht, wird es finden, einen Menschen aber nicht.
- Wer albern lacht, ist ein Feigling. Eine Frau, die albern lacht, ist eine Dirne.

- Wer in einer Stadt siebenmal lügt, ist ein richtiger Mann.
- Etwas zu wissen und zu fragen ist Höflichkeit, zu fragen, wenn man etwas nicht weiß, ist Vorschrift.
- Wenn man eine Seite sieht, sieht man acht.
- Eine Sache zu wissen heißt zehntausendfache Erleuchtung.
- Zielstrebigkeit ist in Kiefernnadeln zu hüllen.
- Ein verlässlicher Mensch ist tollkühn.
- Vor anderen den Mund weit zu öffnen oder zu gähnen ist nicht gestattet. Man sollte dies hinter einem Fächer oder hinter dem Ärmel tun.

~

Um sich zu beruhigen, schluckt man kräftig, das ist das Geheimnis, das auch bei Ärger anzuwenden ist. Es ist auch empfehlenswert, sich Speichel auf die Stirn zu streichen. In der Yoshida-Schule der Bogenschützen ist das Schlucken des Speichels das Grundprinzip.

~

Nach der Aussage eines Feldherrn sollten Krieger, außer den Anführern, wenn sie ihre Rüstungen testen, nur die Vorderseite einer Prüfung unterziehen. Es kommt nicht auf die Schönheit einer Rüstung an, sondern auf das Aussehen des Helms, denn dieser wird mitsamt dem Kopf in die Hände des Feindes übergehen.

~

Wenn man sich einen Kopf geholt hat, muss man unterhalb des Haarknotens mit einem Messer ein Kreuzzeichen einschneiden. Wenn man sich in früheren Zeiten den Kopf eines Kriegers holte, malte man Kennzeichen auf drei Backenzähne auf. Oder man schob zwischen die Backenzähne irgendeines Samurai eine Notiz, und bei der Kopfschau war es dann aufgrund der Notiz der besiegte Feind.

~

Die Gesichtshaut abziehen

Wenn man ein Gesicht quer durchschneidet, darauf uriniert und mit den Strohsandalen darauf herumtrampelt, soll sich die Haut ablösen, hatte der Priester Gyōjaku in Kantō[43] vernommen. Es ist ein Geheimnis.

~

Es heißt, aus einem Platzregen kann man etwas lernen. Wer unterwegs von einem Platzregen überrascht wird, hastet die Straße entlang, um nicht nass zu werden, doch selbst wenn man sich unter ein Dach stellt,

43. Gebiet um das heutige Tōkyō.

wird man durchnässt werden. Wer sich von Anfang an darauf einstellt, nass zu werden, kann nicht überrascht werden. Nass wird er trotzdem. So verhält es sich mit allen Dingen.

~

Morooka Hiko'uemon wurde wegen eines Vorfalles herbeizitiert und sollte vor den Göttern einen schriftlichen Eid ablegen. »Das Wort eines Samurai ist härter als Stahl. Gegen einen festen Entschluss können selbst die Götter nichts ausrichten«, sprach er. Daraufhin wurde der Schwur abgesagt. Morooka war damals sechsundzwanzig Jahre alt.

~

Sollten mir Worte der Ermahnung aufgrund meines Ranges nicht zustehen, empfiehlt es sich, diese einem im Rang angemessenen Manne mitzuteilen, denn die Verbesserung der Fehler des eigenen Herrn zeugt von großer Loyalität. Damit man dies tun kann, sollte man mit allen freundschaftlich verkehren. Handle ich aber aus eigenen Beweggründen, dann ist es nur Schmeichelei. Die andere Seite ist, dass diese Haltung einem Herzen entspringt, das auf unser aller Unterstützung bedacht ist. Und das ist dann außerordentlich.

~

Zwistigkeiten zwischen zurückgetretenem Herrscher und amtierendem, zwischen Vater und Sohn, älterem und jüngerem Bruder entstehen durch Selbstsucht. Zwischen Herrn und Gefolgsmann gibt es keine Differenzen, ein Beweis für die fehlende Selbstsucht.

HEILMETHODEN

Wenn man lange krank ist, lässt die Energie nach, und man wird depressiv. Deshalb ist es wichtig, einen Kranken seelisch aufzubauen. Wenn man sich auf Schamanismus und die Kraft der Anrufung stützt, können Wunder geschehen. Wenn man die Mantras der Shingon-Schule benutzt, wird die Energie angeregt, und die Krankheit kann vergessen werden. Wenn man über die Tapferkeit in den Militärbüchern oder über die Wunder im Roankyō[44] etwas vorliest, wird unerwartet das Interesse geweckt, die Lebens-

44. Verfasst von Suzuki Shōsan (1579–1655), der unter den Tokugawa kämpfte, dann aber im Alter von 42 Jahren Mönch wurde.

kräfte können wieder erweckt werden, und man gesundet, heißt es.

~

Eine Krankheit zu kurieren zerfällt in zwei Abschnitte. Das ist schwierig. Als Buddhist habe ich bezüglich der fünf Erscheinungen des Dharma die Anweisung, noch vor der Krankheit die Krankheit auszumerzen, und kenne deshalb auch keinen Arzt. Ich halte mich daran. Das bedeutet, Essen und Trinken, Lust und Begierde abzulehnen und sich ständig mit Moxa zu behandeln. Da ich der Sohn eines alten Mannes war, wirkte ich wie verdörrt. Der Arzt sagte damals, dass ich nicht älter als zwanzig Jahre würde. Ich dachte mir aber, dass zu leben, ohne dienen zu können, sinnlos sei, und wollte deshalb leben. Seit meinem siebten Jahr enthielt ich mich der Lust und wurde bis heute schließlich nicht krank. Ich nehme keine Medizin. Auch geringfügige Krankheiten werden durch den Willen vertrieben. Doch die heutigen Menschen sind von Geburt an schwach, und weil sie sich ungezügelt der Wollust hingeben, ereilt sie der Tod bereits in jungen Jahren. Das ist töricht. Auch nach den Worten eines Arztes könnten diese kranken Menschen, wenn sie sich ein, zwei Jahre der Wollust enthielten, auf natürliche Weise ihre Gesundheit wiederherstellen. Doch im Allgemeinen sind sie von Natur aus schwächlich. Wenn man in seinem Leben keinen Schlussstrich ziehen kann, ist das Feigheit.

~

Wenn man an seinem Körper viele Beutelchen mit Gewürznelken trägt, können Kälte und Wind einem nichts anhaben. Vor einigen Jahren kehrte der zuvor genannte Kazuma mitten im Winter von einer Mission zurück. Obwohl er ein alter Mann war, litt er nicht im Geringsten unter der Kälte, weil er sich nach der genannten Methode geschützt hatte. Ferner ist es ratsam, die Blutungen nach einem Sturz vom Pferde durch die Einnahme eines Suds der gekochten Exkremente eines Apfelschimmels zu stillen.

~

Die Medizin des Ikushima Sakuan

Zu der Zeit, als sich Fürst Mitsushige in Shimonoseki befand, erkrankte er an Pocken, woraufhin ihm Sakuan Medizin verabreichte. Weil dies ein besonders schwerer Fall von Pockenerkrankung war, waren alle im Gefolge des Fürsten, ob hoch oder niedrig, angespannt. Plötzlich wurden die Pocken schwarz. Die Männer, die den Fürsten umsorgten, verließ der Mut, und sie teilten dies heimlich Sakuan mit, der sagte: »Nun, das sieht gut aus. Er wird wieder gesund. Es wird keine Komplikationen geben, und er wird rasch wieder genesen. Ich gebe Euch darauf mein Wort. Ihr solltet wirklich dankbar sein.« Als die Umstehenden das vernahmen, sagten sie, dass Sakuan ein wenig verwirrt aussehe, denn es gebe wirklich nichts, das Anlass zu Hoffnung gebe. Dann ließ Sakuan um den Kranken Stellschirme aufstellen, kam plötzlich mit einem Paket Medizin hervor und verabreichte sie dem Kranken, der rasch gesundete. Später bekannte Sakuan heimlich: »Ich verabreichte dem Fürsten allein die Medizin, denn wenn er nicht gesund geworden wäre, hätte ich die Verantwortung übernommen und sofort Selbstmord begangen.«

Heilung von Augenkrankheiten

Die Augen sind im Körper des Menschen von großer Bedeutung, durch sie kann er sehen und erkennen. Die Augen sind wie Sonne und Mond am Himmel, weshalb man vermeiden sollte, sie zu beflecken. Nicht einen Augenblick sollte man Schmutz ans Auge bringen. Falls doch, muss man ihn mit dem Mittelgelenk des Daumens herausstreichen, bis es keinen

Schmutz mehr gibt. Wenn man das begriffen hat, braucht man Augenkrankheiten nicht zu fürchten. Das ist ein Geheimnis. Falls man wiederholt an Augenkrankheiten leidet, empfiehlt es sich, klares Wasser in ein sauberes Gefäß zu füllen, dann abzukochen, in eine neue Temmoku[45]-Schale zu geben, ein neues Tuch einzutauchen, Salz hinzuzufügen, die heiße Flüssigkeit abzufiltern und damit die Umgebung der Augen zu waschen. Durch die heiße Wasserlösung werden die Augen rasch besser und heilen rasch. Auf diese Weise braucht man keine Medizin.

~

Der Gefolgsmann Amari Bizen no kami wurde in einem Kampf getötet. Sein achtzehnjähriger Sohn Tōzō übernahm seine Position in der Kavallerie. Als ein Mann aus der Truppe Tōzōs eine schwere Verwundung erlitt und die Blutungen nicht aufhörten, empfahl ihm Tōzō, einen Sud aus abgekochten Fäka-

45. Temmoku ist ein aus China stammendes Steinzeug mit dunkler Glasur, das in Japan bei der Teezeremonie verwendet wurde. Viele Schalen haben im Spiegel die Abdrücke eines Blattes, das vor dem Auftragen der Glasur in die Mitte gelegt wurde und nach dem Brand der Schale die Attraktivität vieler Schalen ausmachte.

lien eines Apfelschimmels zu trinken. »Mir ist mein Leben lieb, wie könnte ich da Pferdemist zu mir nehmen?«, sagte der Mann. Tōzō hörte dies. »Wie tapfer der Mann doch ist! Er hat Recht. Doch auf dem Schlachtfeld ist es wichtig, dass man sein Leben vollkommen in den Dienst seines Herrn stellt, um den Sieg zu erringen, das bedeutet, ein loyaler Diener seines Herrn zu sein. Nun, ich werde davon trinken.« Er nahm selbst den Sud und trank davon, dann gab er ihn dem Manne, der davon trank und wieder gesund wurde.

LEBEN IN WÜRDE

Ittei war ein Rōnin, der in den Pflaumenbergen lebte. Als er sein Lehen an seinen Sohn Anzaemon übergab, wollte Ittei nur noch einen Teil davon für sein Leben in den Bergen. Als er noch in Kyōto in Diensten stand, hatte er von Shitamura Saburōe Folgendes vernommen: »Für einen Rōnin kann es nur noch den Alkohol geben. Im Gebirge gibt es nichts. Darüber hinaus gibt es keinen Reis. Ich träume davon, wenn ich in meinen Kochtopf Weizen, Nudeln und

Hirse fülle. Es gibt noch nicht einmal eine Suppe.« Und er fuhr fort: »Weil es keinen Alkohol in den kalten Nächten gab, konnte ich nicht schlafen, und dieses Essen konnte ich auch nicht hinunterbringen.« »Wenn Ihr nicht schlafen könnt, schlaft nicht, wenn es Zeit zum Schlafen ist, schlaft, wenn es nicht die Zeit zum Essen ist, esst nicht. Wenn es Zeit zum Essen ist, esst«, sprach Ittei. »Da ich nicht wie Saburōe in Unwürdigkeit enden möchte, sondern als Mensch wie Azuma im Tsurezuregusa«, erklärte er seinem Sohn seine Beweggründe.

AUFMUNTERUNG

Nakano Jin'emon spricht in Korea zu Fürst Naoshige

Als sich im 1. Monat des Jahres 1598 die japanischen Truppen am Ulsan in Korea einer chinesischen Übermacht von Zigtausenden Soldaten gegenüber sahen, stockte ihnen der Atem. »Nun, das sind ja Abertausende! Wie viel Mann mögen das wohl sein?«, fragte Fürst Naoshige. »So viele, wie eine dreijährige Kuh Haare im Fell hat, wie man bei uns in Japan sagt, wenn etwas unzählbar ist«, entgegnete

Jin'emon, »es sind genauso viele wie Haare bei einer dreijährigen Kuh.« Alle Umstehenden lachten und gewannen wieder Mut. Als Fürst Katsushige sich auf der Jagd in den Shiroishi-Bergen befand, erzählte er Nakano Matabei diese Geschichte. »Außer Eurem Vater Jin'emon hatte keiner ein Wort gesagt«, sprach der Fürst.

GESCHICHTLICHER HINTERGRUND UND ERKLÄRUNGEN

Die Tokugawa-Zeit ist geprägt von der Tatsache, dass zwei Einrichtungen parallel bestehen – das Kaiserhaus und das Shogunat.

Der Shōgun war der oberste Feldherr, der in Kriegszeiten befehligte. Durch die Einigung Japans und die Etablierung einer militärischen Macht unter der Leitung der Tokugawa wurde zudem eine Regierung geschaffen, die den Kaiser, der in Kyōto residierte und dessen Handeln unter der Aufsicht eines Magistrats, *bugyō,* stand, von den Regierungsgeschäften ausschloss. Das Land war aufgeteilt in einzelne *han,* Verwaltungseinheiten, die einem *daimyō,* Fürsten, unterstanden, der wiederum über verschiedene Gefolgsleute befehligte. Die Fürsten der einzelnen han waren wiederum in die Regierungsaufgaben eingebunden, je nachdem, ob sie bereits vor der entscheidenden Schlacht von Sekigahara im Jahre 1600 auf Seiten der Tokugawa gekämpft hatten oder nicht. Die Fürsten auf Kyūshū gehörten nicht in den engeren Kreis derjenigen, die in der Regierung mitwirken durften, die ihren Sitz in Edo, dem heutigen Tōkyō hatte.

Die Regierung unter den Tokugawa setzte sich wie folgt zusammen:

An der Spitze stand der Shōgun, gefolgt vom Ältestenrat Tairō, der die Berater stellte oder als Regent fungierte, solange der Shōgun noch minderjährig war.

Der Rat *rōjū* bestand aus Fürsten, die schon vor 1600 auf Seiten der Tokugawa gestanden hatten, und war sowohl für die Verwaltung als auch für Beratertätigkeiten zuständig. Jedes Mitglied des Rates übernahm für einen Monat ein bestimmtes Ressort.

Die nächste Institution war *hyōjōsho,* zusammengesetzt aus *rōjū, bugyō* und *metsuke* (Inspektoren). Diese Institution war administrativ und zum Teil für die Rechtssprechung zuständig.

Wakatoshiyori waren zunächst dem Rat *rōjū* unterstellt, sie hatten die Bannerleute, *hatamoto,* Ärzte und Handwerker zu kontrollieren. Sie mussten außerdem die Vasallen überwachen, die weniger als 10 000 *koku* Einkommen hatten.

Die *daimyō* wurden nach ihrem Einkommen, das auf der Grundlage von Reis berechnet wurde, eingestuft. Ihnen unterstanden die *karō,* die über die übrigen Gefolgsleute wachten und in der Verwaltung tätig waren.

Die Bannerleute oder *hatamoto* bildeten gleichfalls eine Klasse unter den Kriegern. Ihr Einkommen lag über 5000 *koku.*

Die Gefolgsleute werden oft als Vasallen bezeichnet. Sie wurden entsprechend ihren Funktionen und Aufgaben verschieden bezeichnet. Im Text wurde meist der Begriff Gefolgsleute verwendet, um den Leser nicht zu verwirren.

Der Nabeshima-Clan

Der Nabeshima-Clan war in Hizen ansässig. Er bestand aus Nachkommen der Fujiwara, die in der Heian-Zeit (894–1185) sehr großen politischen Einfluss ausgeübt hatten. Der älteste Zweig wurde von Katsushige (1580–1657), Sohn des Naoshige (1537–1619), gegründet, der ebenfalls oft im Hagakure erwähnt wird. Hizen liegt auf Kyūshū, ein Teil davon gehört zur heutigen Präfektur Saga, der andere zu Nagasaki. In Hizen wurde die berühmte Arita-Ware hergestellt, die vor allem in den Export ging.